U0061421

身份、國家與記憶：西南經驗

溫春來 著

中華書局

目　錄

從王朝國家到民族國家

　　我青年時代讀過的書，大多已渺如雲煙。1996 年夏天的一次閱讀，卻穿過二十多年的時光，宛若眼前。那時我在中山大學歷史系讀大三，嶺南六月酷暑，無所事事，我借了一部《劍橋中華人民共和國史》，躺在宿舍隨便翻翻以消遣夏日。驀地，兩段文字映入眼簾，銳利地刺激着我半睡半醒的神經：

　　　　歐洲和南、北美洲的民族全加起來，一般地說不會多於中國人。甚至是否有比中國更多的民族也是問題。在人數和多民族方面，歐洲人和中國人很可以相比，同樣是人數眾多，民族複雜。可是在他們今天的政治生活中，在歐洲和南北美洲生活的約 10 億歐洲人分成約 50 個獨立的主權國，而 10 億多的中國人只生活在一個國家中。人們一旦看到 1 和 50 的差別，就不能忽視。

　　　　以上對事實的簡單陳述間接地表明，我們的民族主義和民族─國家等字眼當用於中國時，只會使我們誤入歧途。要了解中國，不能僅僅靠移植西方的名詞。它是一個不同的生命。它的政治只能從其內部進行演變性的了解。[1]

1　[美] J. R. 麥克法夸爾、[美] 費正清編：《劍橋中華人民共和國史》上卷《革命的中國的興起（1949-1965 年）》，謝亮生、楊品泉、黃沫等譯，14~15 頁，北京，中國社會科學出版社，1990。

　　簡明扼要而又洞察入微的中、歐對比，深刻地呈現出中國在人類文明史上長期維持着大一統體制的獨特性。這難道不是中國歷史的一個核心問題嗎？我陡然間心潮澎湃，浮想聯翩。浮想的內容而今已渺不可尋，但那一片刻的少年激情，使我多年後「合理化」地回眸往昔之時，會把這次偶然的閱讀視為自己學術人生的一個起點。不過，彼時的我對此毫無意識。瞬間的興奮消退之後，這個問題也迅速隱去。我對未來很懵懂，記者、公務員，是我隱隱約約的職業理想。

　　三個多月後，與黃國信老師一場隨意的談話，不經意間改變了我的人生方向：我冒出了考研的念頭並付諸實施。何其有幸，我成了黃啟臣、劉志偉、陳春聲三位老師的學生。入師門後，我很快發現，那個年少時曾撥動我心弦的問題，竟然是我們這個學術共同體的主要關切之一。

　　五年的讀研生活恍如昨日。在陳春聲、劉志偉兩位老師的指導下，我 2002 年完成了博士學位論文，六年後該論文在生活・讀書・新知三聯書店出版。[1] 該書討論的是中國傳統大一統結構的性質，問題很宏大，但不是從抽象的思想中尋求答案，而是在具體的區域社會史脈絡中探尋可能性與現實性，論證思路如下：

　　西南地區有着深厚的「國家」傳統，兩千多年前，司馬遷已發現這裏存在着大大小小的政權，同時還分佈着眾多無君長統屬的人群。宋代，這裏也並非只有一個大理國與中央王朝對峙，僅在四川南部、雲南東北部、貴州西部與中部，就有「夔素」（20 世紀 50 年代識別為「彝族」）建立的十來個地方性政權（彝文文獻稱其為「勾」，漢

1　溫春來：《從「異域」到「舊疆」：宋至清貴州西北部地區的制度、開發與認同》，北京，生活・讀書・新知三聯書店，2008。

譯為「君長國」），我將此概括為「多『國』林立的宋代西南地區」，是為我整個研究的起點與前提。[1] 由此提煉出一個問題：中央王朝的典章制度與意識形態，如何在一個具有自己的政權、文字、禮儀以及政治法律傳統的非漢族社會中推行與表達？換言之，這類社會如何進入中國大一統秩序？

　　從上述問題出發，我選擇位於貴州西北部地區的水西、烏撒兩個勾政權為研究對象，考察它們從宋至清被逐漸整合進王朝國家的過程，並揭示其中所蘊含的理論意義。我的一個觀念是，理解中國歷史的概念與範疇要從中國自身的歷史經驗與話語中去探尋，以期貼近歷史當事人的心態與觀念；同時又要具備與現代人文社會科學中的相關理論對話的可能性，以免陷於自說自話、故步自封的境地。因此之故，該書極其重視彝、漢史料中那些精練而富有內涵的詞彙和短語，諸如漢文文獻中的「版圖」「族類」「異域」「新疆」「舊疆」「羈縻」，以及彝文文獻中的「彝威」「彝榮」，等等。經由對它們的深入詮釋，我對南方非漢人群如何被整合進入大一統秩序有了一些粗淺認識。

1　讀者可能會問：為何以宋代為起點？之前的漢、唐難道沒意義嗎？我的回答是，從區域社會史的角度來看，就目前的資料而言，我無法建立起宋代貴州西北部地區的非漢人群與之前歷史的延續性。例如，貴州西北部地區被劃定為彝族的群體，我不但可以知道他們在民國、清、明、元的對應人群，而且可以通過豐富的文獻，確鑿地揭示其社會演變情形，甚至將其與宋代的羅殿國聯繫起來。但再往上追溯，我就只看到一些族稱以及蛛絲馬跡般的記載，很難確知人群的對應關係，更無法知道其社會組織的情況及演變。

一、「版圖」：與賦役密切相關的人口與土地的集合體

我抓住的最關鍵概念是「版圖」。依據《中國歷史地圖集》，我國的西南疆域，自漢代就已大致奠定，但依古人的敍述，情況卻有所不同。例如，明萬曆年間四川播州改土歸流之後，官員們稱播州進入了「版圖」，名其曰「新疆」，即新的疆土。60 多年後，吳三桂平定了黔西北的水西土司，官員們又云，水西是國家的「新疆」，有詩曰：「濟火（水西土司的先祖）無遺族，山川隸版圖。」又過了 60 多年，雍正皇帝在滇東北、黔東南用兵之後，官員們再彈老調，稱這些地方成為國家的「新疆」，而 60 多年前平定的水西以及更久之前平定的播州，則屬於國家的「舊疆」。這類論調不獨西南為然，例如，康熙年間收復台灣後，也說台灣是「新疆」。

是古人錯了，還是今天的歷史地圖錯了？其實都沒有錯，因為古、今語境中的「疆」與「版圖」，含義迥然不同。今人依民族國家的觀念，以國際法為依據，將國界線以經緯度精確描述並劃定，線內，就是國家的「版圖」和「疆」，這純粹是一個土地的概念，與人無關。每平方千米聚集上萬人的特大城市，同高原、沙漠的無人區一樣，都是國家神聖版圖的一部分，國家的主權沒有任何差別地投射在這些地方。

中國古代的「版圖」，則主要是一個賦役概念。稅收是國家的本質，依其情形，中國古人的視野中有三類地區：其一，所有人戶在制度上均要向王朝繳賦應役，是為「編戶齊民」之地；其二，只有一個人或一些代表向王朝繳賦應役，是為羈縻區域，如大部分土司地區；其三，所有人都不被要求向王朝繳賦應役，是為王朝的「異域」。在古人的觀念中，第一類地區就是國家的「版圖」。因為人是賦役的主體乃至客體，所以中國古代的版圖，就要集土地、人戶於一體。正如

清朝人所云：「國家撫有疆宇，謂之版圖，版言乎其有民，圖言乎其有地。」簡言之，某個地區的土地、戶口登記於官府的冊籍，這個地方就成為國家的版圖，而登記當然就意味着賦役。

二、從「異域」到「舊疆」

至遲在明代，「版圖」在許多情況下已被用來界定王朝的「疆」。當上述第二、第三類地區進入「版圖」，變成第一類地區時，常常被稱為「新疆」，並且一般不再被視為「化外」——儘管「化外」一詞的使用存在着隨意性。[1] 隨着「夷」、漢族類的交往與互動、對正統儒家意識形態認同的深化，「新疆」的人群在禮俗、文化上被認為呈現出「與民人無異」的趨勢，而他們自己亦不斷通過各種策略，建構更加符合王朝正統的身份與認同，「新疆」由此逐漸被視為「舊疆」。要言之，「新疆」的關鍵在於「版圖」，而「舊疆」則進一步強調禮俗。未入「版圖」之地可分為「異域」與「羈縻」兩類。前者指中央王朝連名義上的統治都不能維持，自然也沒有人繳賦應役之地；後者意味着當地首領向王朝表示效忠，並受制於貢賦制度，但地方原有的制度與習慣在很大程度上得以維持，而且當地人群也大都不是王朝的編戶齊民。

1　「化內」「化外」等詞語在使用過程中往往因時、因地、因事、因人而呈現出種種不確定性，同樣一個地區，在渲染王朝的文治武功時被標榜為「與中州等」的化內之地，在強調其風俗粗陋、難於治理時則被貼上「蠻夷」「化外」等標籤，有些明朝稱為化內的地方，清朝則認為明時尚屬化外。通常而言，建立了流官政府並能將當地百姓籍為編戶的地區，朝廷往往不再以「化外」視之，但也有些新納入王朝版圖之地，如清代湖南的鳳凰、乾州、永綏，出於在法治方面還援用當地的「苗例」等原因，所以在一些場景中仍然被視為「化外」。參見《湖南省例成案‧名例》卷一《化外人有犯》，嘉慶十八年湖南按察司刻本。

　　烏撒與水西兩大君長國的興亡史，展現出「異域」→「羈縻」→「新疆」→「舊疆」的完整過程。西南許多地區的歷史都與此相似，如烏蒙、芒部、東川等君長國。當然，一些有相似歷程的區域在文獻上並未直接使用「新疆」「版圖」一類詞語來描述，歷史也不一定按線性序列發展，中央王朝在許多邊遠地區的秩序建構可能會略去其中的一些環節[1]，並且古代官員士大夫們使用這些詞語時具有一定的隨意性。但無論如何，從歷史文獻中發掘出來的這些詞語，提供了一個理解傳統中國大一統秩序如何在南方擴展的有用模型。

三、「內部邊疆」的消解[2]

　　這一模型，揭示出觀察中央王朝開拓西南的新視角。元朝滅了大理國後，原擬將西南族類盡收「版圖」，眼看抵抗甚烈，又改而承諾，那些君長、酋長們只要投誠歸附，即可「官不失職，民不失業」，由此建立起了土司制度，改「異域」而為「羈縻」。明興，對待各土司「踵元故事」，繼續維持羈縻秩序。深入的區域史研究揭示，元代以及明初，王朝在西南非漢族類地區能實際控制的，也就是能讓當地百姓

1　例如，對台灣、今貴州東南部等許多地區的經營就未經歷過「羈縻」階段。黔東南是清前期著名的「新疆」，統一台灣之初，台灣也曾被視為「新疆」。當然，進入「版圖」成為「新疆」並不意味着所有人都成了王朝的編戶齊民，即便在王朝統治的中心區域，也有不少人游離於國家的戶籍之外。

2　這一部分內容，在我的書中已有充分體現，但我並未明確提出「內部邊疆」與「內部邊疆的消解」。2013 年 9 月 6-7 日在海口市召開的「南海發展與合作論壇」上，我做了《中國古代的陸疆與海疆開拓》的報告，正式提出這一說法，2014 年 5 月 17-18 日在遵義召開的「播州土司歷史與文化」學術研討會上，我受邀做大會主題演講，我的演講題目就是《「內部邊疆」的消解》。

繳賦應役的，主要是交通線和城市。明朝人萬士和描述烏撒一帶：「軍屯之外盡夷方，夷婦同爭鼠馬場。」黔撫郭子章亦稱：「貴州一線路外即苗穴矣。」

　　因此，當時王朝在西南非漢區域的「版圖」，是一些線，一些帶，加上一些零星的點。這樣，歷史地圖集上的南方邊界，我們或可稱之為「外部邊疆線」，它大致勾勒了王朝設官（包括土官）統治的範圍。在其內部，依中國古代的疆域觀念，還有不少人群游離於王朝「版圖」之外，形成了許多「內部邊疆」。從「異域」到「舊疆」的歷史，就是內部邊疆逐漸消解的過程。與此相應，王朝的「版圖」不斷擴大，從線擴展為面而且面的範圍日益拓展，到了清代中期，西南地區尚未進入王朝「版圖」的，只剩下一些零零星星的點了。

四、非漢族類的主體性

　　依古人的描述，「內部邊疆」的消解過程，意味着王朝制度與意識形態的大獲全勝。這一視角，與今日學界內外所熟知的「民族融合」等概念遙相呼應。這類論調無疑是建立在大量經驗事實的基礎上的，並且也與我們通常的觀察有着較高的符合度。不過，西南非漢族類只是被動的接受者嗎？他們的主體性何在？我為此不惜花費大量筆墨，除了通過豐富的彝族文獻考察彝族人（夒素）自己的歷史認知與表達外，還用「內部競爭引導王朝擴張」「新秩序中的舊傳統」「族群認同與政治認同的統一與分歧」三個概念，來揭示「異域」社會自身傳統的延續性及其在塑造新秩序中的作用。

　　關於「內部競爭引導王朝擴張」，我指出了兩種情況。第一，一個看似統一的周邊族類的部落或政權中，往往充斥着各種利益團體，

呈現出內部競爭的狀態。當與中央王朝發生接觸之後，某些團體或其領袖人物可能會因應新的政治情勢，積極引導王朝的力量介入本部落或政權的事務。在此過程中，他們和中央王朝各自或多或少地滿足了自己的所需，一些新制度或新秩序甚至可能就此產生。以水西勾政權為例，這是具備較強凝聚力的強大政治實體，但內部有四十八支，勾政權的君長在其中輪流產生。這造成了一個複雜的現象：一方面，勾政權的強大與統一制約了王朝的擴張，另一方面，為了本支乃至本家庭獨攬君長之職，明正統年間，安隴富通過為朝廷東征西伐換取支持，於是由他們一家世襲君長的嫡長子繼承制得以確立，這一制度不但符合明王朝的觀念，而且有助於明朝加強對土司地區的控制。第二，有的擴張中，王朝並沒有明顯地介入，形成一種「（王朝）未出場的擴張」，這種擴張通常發生在「新疆」「舊疆」等已納入王朝「版圖」的區域。例如，李文良的研究揭示，台灣岸裏社熟番於康熙年間響應政府的墾荒政策，取得了在大甲溪南墾地的權利，但在 18 世紀末，因為部落內部的權力鬥爭以及外部漢人的農墾壓力，各關係人通過各種辦法，競相把地權來源追溯到帝制時代最能象徵合法、正統權力來源的皇帝身上，使得一個邊遠的地區，成為符合帝國象徵與規範的地域。在這樣一種「未出場的擴張」中，王朝所獲得的，主要不是新的土地或更多的編戶，也不是能夠更有效地控馭周邊族類的制度，而是地方上更多的人群對自己的權威、象徵的認同。

　　關於「新秩序中的舊傳統」，我指出，土司制度乃至改土歸流等任何舉措，都不能立即創造出新秩序 —— 儘管表面看起來似乎如此，從「異域」到「舊疆」的演變，是兩種不同制度與傳統間互動與妥協的結果。例如，由於水西、烏撒在實行土司制度之前，已經存在着一套以則溪制度為中心的、有着深遠歷史根源的制度化的政治權力架構，所以，直至清代末年乃至民國時期，中央在當地的統治，從形

式到內容上都帶有明顯的「地方性」色彩。元明土司制度規範的主要是土官與王朝的關係，勾政權制約了王朝的擴張，使得王朝很難在勾政權的領地內賜封小土司，也無法編定里甲。清初勾政權瓦解後所建立的流官制與里甲制，也是在改造彝族原有的則溪制度的基礎上建立起來的，並非一個全新的創造。此外，雖然清王朝在該地域實施了改土歸流，但原來勾政權中的土目仍然長期存在，其影響一直延續到民國時期。

關於「族群認同與政治認同的統一與分歧」，我指出，在廣闊的西南地區，非漢族類對王朝國家的認同呈現出兩種情形。一種是連帶着將自身的族類身份也改變了，出現了許多少數民族認同漢人身份的例子，甚至許多土司也聲稱自己源出漢人。此即「族群認同與政治認同的統一」。與之形成鮮明對照的是，貴州西北部地區的土司、土目中很少出現這種現象，甚至在改土歸流之後，我也尚未發現有彝族土目自認為是漢人的例子。認同王朝國家並不意味着認同漢人身份，我稱之為「族群認同與政治認同的分歧」，並從政權與文字傳統來予以解釋。水西與烏撒至遲在宋代就已經建立了自己的政權組織，並且擁有自己的文字。關於本族的來源以及統治本地的合法性 —— 這一切當然都與漢人無關，早就書寫在用本族文字所創作的家譜、歷史書籍以及宗教文書中。文獻與口碑最大的不同是，前者一旦形成就具有相當的穩定性，而且這些文獻的內容經常要由勾政權中的布摩、慕史在不同的場合宣講、傳授。這樣就使族人對本族的來源以及統治此地的合法性形成了牢固的記憶，並且這種記憶受到固定化了的文獻的規範。元、明王朝的勢力介入西南地區，水西與烏撒建立了土司制度，但勾政權制約了王朝的擴張，王朝的勢力難以深入，不管是土司還是普通彝人都珍惜自己的高貴身份，絕不可能聲稱自己源出漢人。變化僅僅出現在關於君長國統治合法性的認知方面，勾政權的上層分子一

面繼續將其歸因於本族的美好根源，一面又與王朝扯上關係——這
是一種充滿矛盾的認同。清康熙年間改土歸流之後，對族源的那種強
大而牢固的記憶仍然不易消亡，並且原勾政權中的土目與布摩仍然存
在，大量的彝書也還繼續在民間使用與流佈，所以黔西北的上層分子
乃至許多普通彝人並不輕易轉向漢人的身份認同，甚至他們在取得功
名後也是如此。例如，普坑底的黃氏是當地的望族，清中期後出了不
少讀書人，但他們仍把佔有普坑底的合法性歸於水西君長的賞賜，並
且毫不掩飾自己的非漢身份，稱「余上世祖考世系，往往迭出於夷冊
書籍」，可見彝書在維持婁素族類身份方面的重要作用。

五、大一統體制的彈性

　　傳統中國的大一統體制能夠不斷擴展並長期延續的關鍵之一，在
於它的靈活性。統治者們並不是把一套既定的制度與意識形態一成不
變地推廣到西南地區，異域、羈縻、新疆、舊疆的差別體現出了彈性
與務實性。即便進入了王朝「版圖」之內，傳統大一統結構依然能夠
根據形勢為地方預留一定的表達自我的空間。這些看似姑息「地方主
義」的靈活性反而有利於王朝制度與意識形態的推行與滲透，促進了
新秩序的穩定以及地方對王朝的認同。

　　在敘事上，我抓住制度、開發、認同三個關鍵詞展開。有人可能
認為我的關注點在地方社會，但在我們看來，不管史學研究如何「城
頭變幻大王旗」，制度（既包括王朝的制度，也包括地方自身的制度）
始終是中國歷史研究的根基之一，根基不厚而跟隨所謂學術前沿亦步
亦趨，無異於水上青萍，雖時髦而不免流於浮華。制度必須置於人的
行動中來理解才有意義，雖然不能線性地認為制度決定着開發與文化

認同，但它是我整個分析的切入點。

以上思考，算是對那個少年時撥動我心弦的問題的一個回答。2002 年我博士畢業，四年後我的書稿大致修訂完成，距離 1996 年那個炎熱的夏天，正好十年。答案還很不成熟，但十年的青春歲月就在尋求解答的過程中如水而逝。

博士畢業後，我開始思考新的研究方向，經歷過一段迷惘時期。2005 年的某一天，香港科技大學人文學部的張兆和教授來中山大學開會，建議我同他一起去申請香港研究資助局的項目，以便蒐集、整理、研究民國時期西南少數民族精英用漢文書寫的文獻，考察他們如何想像自己的族群身份以及國族認同等問題。我與張教授的分工是，他負責苗族，我負責彝族。聽完張教授的談話，我陡然間靈光一現：我過去研究的是中國王朝國家的性質，但晚清以降，中國已逐漸演變為一個民族國家。在這個宏偉的變遷過程中，西南的那些非漢人群如何因應？他們自己的傳統，會在其間發揮什麼作用？這可是我過去研究的自然延伸啊。這一發現令我興奮莫名！

我愉快地接受了張教授的邀請。2006 年 9 月，我們的研究計劃以 "Writing Indigenism: Non-Han Intellectuals' Chinese Writings on Miao-Yi Identities and Frontier Politics in Southwest China during the Republican Period" 為題，獲得了香港研究資助局的立項資助。四年後，當我們結題時，張教授已經蒐集、整理了梁聚五、石啟貴、楊漢先等湘黔苗族精英的大量論著，出版了《梁聚五文集》（上、下冊）[1]，發表了一系列研究論文，而我則主要蒐集、整理出《嶺光電文集》（上、中、下

1　張兆和、李廷貴主編：《梁聚五文集 —— 民族・民主・政論》（上、下冊），香港，香港科技大學華南研究中心，2010。

三冊）、《李仕安文集》（上、下冊）、《曲木藏堯文集》[1]。雖然還存在種種不足，但我們自信已經為學界做了一些基礎性的工作。

在全國各大公藏機構翻閱民國時期浩如煙海的報刊檔案，蒐集彝族精英們的論著的過程，恰如行走在山陰道上，美景應接不暇。我逐漸意識到，儘管在綿延兩千多年的正史書寫系統中，西南地區的人群作為非漢族類一直擁有自己的一席之地，但進入民國後，在漢族、滿族、蒙古族、回族、藏族「五族共和」的框架下，他們卻陷入既非漢人也非少數民族的尷尬，也因此享受不到一些應有的權利。這深深刺痛着當時西南非漢人群的精英們，他們持續不斷地通過著述、演講、請願、結社等方式，提醒中央政府和主流社會正視他們作為一個「民族」的存在。當然，他們的聲音在近現代中國波瀾壯闊的歷史大潮中只是涓涓細流，時過境遷之後，更是逐漸消散殆盡。現在研究中國近代民族國家建構的學者們，主要聚焦於中國內地的變遷與漢族精英分子，他們眼角的餘光可能會掃過蒙古族、回族等「大族」，但有多少人去真正關注西南邊陲那些被掩蓋了的聲音呢？張兆和教授是較早對此展開探索的學者，他以民國時期苗族知識分子的自我身份表達為話題，自 1999 年起就陸續發表相關論著，直接啟發了本書的研究。2006 年，李列從本位的視角，討論 20 世紀三四十年代彝族學者對本族的研究，並將這些研究與建構自身民族認同、追求政治權利結合起來，與我的思考有相似之處。[2] 不過，大量民國時期彝族學者的論著與相關檔案並未被利用。更重要的是，彝族學者的那些建構與表達，與

1　《嶺光電文集》由我與嶺先生之子爾布什哈共同整理，2010 年在香港科技大學華南研究中心出版。《李仕安文集》《曲木藏堯文集》則因經費所限沒有同時推出。

2　參見李列：《民族想像與學術選擇 —— 彝族研究現代學術的建立》，北京，人民出版社，2006。

之前西南地區歷史的關聯性，也基本被李著忽略了。2008 年，在拙著《從「異域」到「舊疆」：宋至清貴州西北部地區的制度、開發與認同》的結尾，我明確說明了自己接下來的研究問題，以及貫通所謂古代、近代來加以解決的思路：

> 清末民初以降，現代民族國家觀念的傳播、西方傳教士的活動、政府的基層政權建設等等，導致了革命性的新變局，在新的政治、文化環境中，西南地區的少數民族怎樣想像與建構自己的族類身份以及更高層次的國族或中華民族？相對於學界研究較多的漢人官員與知識分子的民族國家表述與實踐，這類想像與建構可能會呈現出哪些特色？這些問題關係着對傳統中國如何向現代民族國家轉變的理解與認識，筆者希望能夠在今後的研究中予以回答。可以肯定的是，近代的想像與建構不會是一個全新的創造，只有聯繫「異域」進入王朝「版圖」的歷史，在「彝感」「漢感」「洋感」交織的過程才能得到妥帖的理解。

事實上，彝族精英們的那些論著，文字通暢，文意淺近，把握起來似乎不難。但要深究為何如此表達，卻殊非易事，必須在更久遠的歷史中尋求答案，而這正好是我過去那本書的內容。這真是一種幸運！

把過去的研究貫通到近代之後，我對當代的彝族認同問題也產生了一點表達的慾望。彝族人口近 900 萬，分佈在川、滇、黔、桂等省區。在以斯蒂文·郝瑞（Stevan Harrell）為代表的一些西方學者看來，歷史上並不存在一個叫「彝族」的共同體，是中華人民共和國政府把一些存在複雜差別且缺乏內部認同感的人群劃為了「彝族」。因此，

彝族是「局外觀察者指定或構建出的一個範疇」，直到改革開放以後，一種新的彝族意識才出現並發展起來。[1]

　　郝瑞的研究符合「第二次世界大戰」以後特別是 20 世紀 60 年代以來有關人群共同體研究的潮流。然而，當我帶着這種主位立場，參照郝瑞的族群概念與標準，試圖去接受其結論時，卻產生了更大的困惑。我發現，雖然「彝族」的族稱是由中華人民共和國政府定的，但自宋代以迄民國，在今天被界定為彝族的這個人群範圍中，上層分子一直在建構一個橫跨今川、滇、黔三省的大範圍的人群共同體，今天的民族識別只不過是在此基礎上的延續，並且深受過去那段歷史的影響。這些想法，我以《彝、漢文獻所見之彝族認同問題 —— 兼與郝瑞教授對話》為題，於 2007 年發表在《民族研究》[2] 上，它們會有機地融入這本小書中，獲得更堅實的基礎與更豐富的意義。

　　2010 年，《嶺光電文集》在香港出版，我寫了《「夷族」意識、「夷務」實踐與彝族文化 —— 寫在〈嶺光電文集〉出版之際》一文，權充該書導論。在文中，我揭示了嶺光電等西南非漢族群的精英分子，從何種途徑，憑藉何種資源來想像與表達他們的族類身份及其與整個國家的關聯。此文與上述《彝、漢文獻所見之彝族認同問題 ——兼與郝瑞教授對話》一起，為我的問題提供了一個簡明的回答。思路已經很清晰，框架也已完成，我以為再花兩三年，就可以完成一部

1　參見〔美〕斯蒂文・郝瑞：「彝族史學史檢討」「從族群到民族？ —— 中國彝族的認同」「諾蘇、彝族與中國及國外更廣闊的天地」，見〔美〕斯蒂文・郝瑞：《田野中的族群關係與民族認同 —— 中國西南彝族社區考察研究》，巴莫阿依、曲木鐵西譯，南寧，廣西人民出版社，2000。

2　溫春來：《彝、漢文獻所見之彝族認同問題 —— 兼與郝瑞教授對話》，載《民族研究》，2007（5）。有必要指出的是，後來郝瑞對自己那個過於武斷的結論有所反思，但他完全沒有聯繫民國及其之前的歷史來進行論證。

二三十萬字的書稿。但我顯然低估了自己的懶散以及各種事務的煩瑣性，從 2005 年提出問題開始，又一個十年過去了，我在許多場合做過相關學術報告，但除發表過兩篇論文之外，沒有就此撰寫出任何學術論著。我在北京、南京、成都、西昌、雅安、廣州、台北以及網絡上所蒐集到的大量文獻與口碑資料，以我目前的狀態，如要認真解讀，尚需數年工夫，現在就成書付梓，自然事出有因。

首先，這套「歷史人類學小叢書」的宗旨深深打動了我，並讓我找到了一個為自己的慵懶與粗疏辯護的藉口。篇幅的限制，使我必須專注於問題的分析、思路的闡述以及歷史過程的勾勒，而不必拘泥於細節的豐富性與複雜性。

其次，我打算涉及的許多具體內容，一些學者已先我寫出論著。其中最值得一提的是趙崢的博士論文[1]，該文在史料上較前人有了極大拓展，細緻梳理了民國時期中央政府與四川軍閥複雜博弈的背景下，彝人精英為爭取成為一個「民族」所做的的抉擇與行動。這使得我沒必要再去致力於一些史實與過程的研究，而可以圍繞我的問題來展開討論。

進入正文之前，有必要做一個簡單說明。按照當代的民族分類，本書的主人公們，主要屬於彝族。但彝族內部支系繁多，自稱各異，計有「諾蘇」「婁素」等數十種，民族識別之前，在漢語語境中，他們則常常自稱或被他稱為「夷人」「夷族」。不過，「夷族」與「諾蘇」

1　　趙崢：《邊地攘奪與「少數民族」的政治建構：以民國時期西康寧屬彝族問題為中心》，博士學位論文，復旦大學，2015。除趙崢的研究外，關注民國時期西南「夷族」爭取政治承認的論著還有伊利貴的《民國時期西南「夷苗」的政治承認訴求 —— 以高玉柱的事跡為主線》（博士學位論文，中央民族大學，2011）、婁貴品的《1936~1937 年西南夷苗代表在南京的請願活動及其意義》[載《西南邊疆民族研究》，2011（2）] 等。

「婁素」等所指人群有重合但不等同,而且與「彝族」所涵蓋的人群同樣存在差異。為了避免混亂,使論述更富學理,本書遵從如下原則:第一,史料中的「夷」,仍從其舊,不擅改為「彝」,但絕不認同其中所含有的貶義;第二,當用自己的語言敍述時,本書或為夷加上引號,或徑改為「彝」。讀者須注意的是,凡敍述民族識別之前的歷史,本書中「彝」所涵蓋人群的範圍,與「夷」等同,不能簡單對等於今天的彝族。

下面,就讓我們進入民國時期。

「五族共和」之外

　　清代四川寧遠府，地界位於四川雅州府與雲南北勝州、永北府、武定府之間，大體相當於今天的涼山彝族自治州範圍，轄西昌、越西、冕寧、會理、鹽源、鹽邊、昭覺七縣（廳），時人有寧屬之稱。中華民國建立後，廢府存縣，寧遠府之名雖不存，但寧屬之謂深入人心，仍常見於百姓、學者與官員的日常閒談與正式文書中。

　　我們的故事，從寧屬越西縣一位年輕「夷人」曲木藏堯開始。

一、曲木藏堯

1. 一位「白夷」

1959 年，俄國人顧彼得（Pote Gullart）描述了他 19 年前在越西見到曲木藏堯的情景：

　　當曲木藏堯走進來時，他的外貌使我十分吃驚，與我原來想像中的完全不一樣。我的面前站着一個三十出頭的青年男子，他打扮得很得體，顯得很慇勤和有教養，他穿了一套式樣很新潮的西服，另外還配有昂貴的襯衫和領帶。他熱情地用很棒的英語問候我，然後我們開始用法語交談，時不時又用另外一種語言交談。當僕人來端茶時，他把我引薦給他的親戚們，

三位長者中有一位穿着漢式的長袍。惟一能暗示我是與一位彝
族貴族打交道的是 —— 曲木土司瘦長的身材，鷹鈎鼻子還有炯
炯有神的大眼睛。[1]

40多年後，我在發黃的舊紙張上看到曲木的相片，西裝革履，
英氣勃發，與顧彼得的文字若合符節，一位民國精英的音容笑貌，穿
過歷史的時空，宛若眼前。悵歎久之，我又深覺諷刺。顧彼得乃白俄
貴族，十月革命後隨母流亡中國。行走在異國天涯，過去的人生經驗
如影隨形，作為舊貴族，他於1940年冒險進入四川彝區，為的是尋
找他已經失落的「理想國」，在非漢人社會探尋獨立、高傲、尚武乃
至帶有幾分桀驁的「貴族」—— 這種探尋，很大程度上是他自身「貴
族情結」的投射。他若知道，曲木藏堯既非貴族，更非土司，該做何
感想呢？

曲木藏堯，1905年生於越西縣城內南街三倒拐。按照今天的民
族分類，他被視為民國時期四川彝族的英雄人物。不過，像當時千千
萬萬的西南非漢人群一樣，終其一生，曲木藏堯從未自稱過「彝族」。
他有兩個選擇，如果用本族語言，可自稱為「諾（六、俅）蘇」，如
果用漢語，則自稱為「夷族」「夷人」。「夷」在他們看來是一種適當
的稱謂，沒有任何不妥。有時，他也不得不採用被認為帶有侮辱性的
「羅羅（倮倮、猓玀）」的稱謂。他也知道，「夷人（族）」這一稱謂，
包含了許多不同的族類，如要用漢語更準確地表述，他應該自稱為
「倮夷」。[2]他永遠不會用的一個名稱是「蠻子」，那是漢人對他們最為
露骨的賤稱。

1　[俄] 顧彼得：《彝人首領》，和鏱宇譯，151頁，成都，四川文藝出版社，2004。
2　參見曲木藏堯：《西南夷族考察記》，3~4頁，南京，拔提書店，1933。

「諾蘇」社會確實有明顯的貴族階層 ——「黑夷」，俗稱「黑骨頭」，這正是顧彼得尋夢的所在，這一目標毫不掩飾地體現於其書名 *Princes of the Black Bone* 中。「黑夷」高高在上，與作為平民或奴隸的「白夷」（「白骨頭」）之間壁壘森嚴、涇渭分明。再富有的「白夷」，也不可能上升為「黑夷」。林耀華稱「黑夷」為「真正的羅羅氏族」，並細述其人種特徵。[1]「黑貴白賤」的區分並非僅見於寧屬，在西南被稱為「羅羅」的人群中，廣泛而長期地存在着這種狀況。[2]「黑夷」自視血統高貴，並不認為「白夷」與自己的種族相同，並通過嚴格的族內婚制與凝固化的階層界限來維持種族的「純潔」，他們甚至也蔑視漢人，如明朝人包汝楫稱貴州西北部的「羅羅」人「擄中國男女，仍以中國男女配耦，並不給配本地人，云恐亂其種」。[3] 嶺光電亦云，川康地區的「夷人」認為「世人以倮族為最尊貴，其他均不足道」[4]。

學界對「白夷」及其之下的人群有着不同的劃分。民國時期，曾深入涼山地區考察的林耀華認為「黑夷」之下有「白夷」與漢娃兩種階層。漢娃是新從漢地擄來的奴隸，地位最低。「白夷」從漢娃升格轉變而來，歷代年久，「夷人」接納其為同類，較漢娃地位高。「白夷」內部又可細分為較具獨立性的「百姓娃子」與依附於主人的「鍋裝娃子」兩個階層。[5]「白夷」是否全部來源於漢人當然值得進一步討論，

1　參見林耀華：《涼山夷家》，71 頁，上海，商務印書館，1947。「黑夷」降而為「白夷」，以及「白夷」升為「黑夷」的情況幾乎不可能出現，間或有之，均是由極其特殊的原因所促成。參見嶺光電：《黑夷和白夷》，載《邊聲報》，1947-12-25，第 4 版。

2　參見溫春來：《從「異域」到「舊疆」：宋至清貴州西北部地區的制度、開發與認同》，219~221 頁。

3　參見（明）包汝楫：《南中紀聞》，上海，商務印書館，1936，叢書集成初編本。

4　嶺光電：《倮情述論》，26 頁，成都，開明書店，1943。

5　參見林耀華：《涼山夷家》，71~81 頁。

事實上，「白夷」身份是開放的，其種族來源並不單一。[1]

　　毫無疑問，曲木藏堯是「白夷」[2]，屬越西縣「阿蘇」家族吉傈支，其先祖從雲南遷至雷波龍頭山下，後又遷至昭覺、喜德、越西。祖父畢摩子定居於越西大花鄉，到父親王家木這一代才取了漢名，並將原僅一間瓦板房的家業，擴大為有四個天井的住房、一個燒酒房、一個大後院、一個大菜園，佔地數十畝，兒女們也受到了良好的教育。曲木從越西縣立高等小學畢業，考入雅安川南師範學校，正值父親外出，曲木讀書心切，騎上家中的一匹白馬就匆匆上路了。父親聞訊，趕緊追至河南站，此時離家已近兩百里 (1 里等於 500 米)，在洶湧北去的宰騾河邊，父子相遇話別。父親摸出銀子，塞到兒子手裏，贈給他三句話：一要發憤讀書，二要與漢族同學團結如兄弟，三不要給本族丟臉。[3]

2. 在孤獨中尋求機會

　　少年曲木淚別父親，越西的山水漸行漸遠。伴隨着鄉梓逐漸遠去的，是過去的經驗世界中種種天經地義的信念。若干年後，青年曲木在繁華的南京指點江山，聲稱自己能夠代表包括土司、「黑夷」在內的整個西南「夷人」。此舉出自「白夷」，看似異想天開，實則智

1　參見嶺光電：《夷族中階級之名詞與其特俗》，載《新夷族》，第 1 卷，第 1 期，1936；溫春來、爾布什哈主編：《嶺光電文集》(中冊)，267~270 頁，香港，香港科技大學華南研究中心，2010。

2　「曲木」是涼山著名的「白夷」大家支，參見曲木約質：《涼山白彝曲木氏族世家》，昆明，雲南人民出版社，1993。

3　參見王大成 (曲木達成)、王大倫 (曲木達倫)、王大文 (曲文達文)：《涼山彝族文化教育的先驅 —— 曲木藏堯》，見中國人民政治協商會議涼山彝族自治州委員會文史資料編輯委員會編：《涼山文史資料選輯》第 15 輯，1997。

勇兼具並且對時局有着精準把握。其風度、氣質與才情，早非吳下阿蒙，足以讓尋夢的顧彼得以為遇到了真正的「貴族」。

在反抗族類歧視方面，父親應該是他的啟蒙老師。王家木識漢文，年輕時，因與「黑夷」衝突而離開「夷村」，輾轉流亡，後遷居越西縣城內，成為第一批定居於越西縣城的「夷人」，曾任蔣介石西昌行轅諮議之職，用實際行動證實了「黑貴白賤」話語的虛妄。

背井離鄉的曲木逐漸感受到，在「五族共和」的框架下，包括自己在內的整個西南非漢人群什麼也不是，他的目光就此超越了父親。20 歲時，他忍無可忍，決定「努力於我夷族將來之出路」，此時，他已身處成都，不敢自稱「夷人」，乃「自號漢名為王治國」。1927 年，北伐功成，蔣介石定鼎南京。革命的氛圍鼓舞並召喚着曲木，他前往首都，想進入中央政治學校蒙藏華僑班，但「夷人」身份怎能入學呢？他靈機一動，易名為曲木藏堯，聲稱自己乃西康藏人，在蒙藏委員會委員兼藏事處處長格桑澤仁的幫助下，順利入讀。[1] 2007 年，在四川雅安，時年 95 歲的雷波彝族老人李仕安繪聲繪色地為我講述了曲木更名的趣事。這一故事在「夷人」中的廣泛流傳，折射出這一群體對自身身份的尷尬與焦慮。

為「夷族」爭取一個政治地位，從而將自己變為整個「夷族」的代言人，順勢抹掉橫亙面前而無法逾越的黑、白鴻溝，於公於私，均刺激着一位志向宏闊的年輕人畢生為之付出。他無疑非常孤獨，理想就像遙遠的一點螢火，而他則在黑暗的現實中踽踽獨行。作為最早覺

1　以上敘述參見《國民政府文官處人事調查表．曲木倡民》，台灣「國史館」藏檔案，入藏登錄號：129000036002A；張伯倫：《夷族的革命先進 —— 曲木藏堯》，載《西康青年》，第 2 卷，第 4 期，1942；汪濟西（曲木藏堯）：《羅羅民族之要求》，載《新亞細亞》，第 2 卷，第 5 期，1931。

悟的「夷人」，他那時幾乎不可能在自己的同胞中找到同道；作為「白
夷」，他在家鄉毫無號召力，他那千千萬萬的同胞，也根本沒有這類
奮鬥意識。事實上，在當時的首都南京，他可能是惟一一位來自寧屬
的「夷人」。他也很難從外族那裏尋求慰藉與共鳴，誰會真正在乎一
位年輕「夷人」的感受呢？更何況，彼時作為整體的中國社會，還根
本沒意識到存在着一個「夷族」，不用說內地，在西南許多地區都是
如此。1930 年，17 歲的李仕安先生考入了位於成都的四川省測量學
校 [1]，78 年後，在雅安，我好奇地問他這段經歷：

> 溫：學校裏的老師和同學知道你是涼山彝族嗎？
> 李：不曉得。老師同學也無所謂。那些年，民族關係，漢
> 滿蒙回藏，五族共和，大家都曉得，除此之外，哪個曉得其他
> 少數民族？彝族大家都不曉得。孫中山的旗幟，都是紅黃藍白
> 黑，五個顏色，代表五個民族。像彝、苗，沒有人知道。我跟
> 他們擺涼山情況，他們都當龍門陣在聽。大家也不存在歧視，
> 歧視要在本地才有。成都這些，他們都沒聽說過，哪裏有歧
> 視？跟他們講涼山，他們還覺得好玩，熱鬧。唱首彝歌給他們
> 聽，他們感覺很有趣。他們根本就沒這個意識。雷波就不同，
> 天天都是仇視，漢族彝族互相見不得。

更為有趣的是，李先生於 1936 年娶了一位家住四川威遠縣，就
讀於成都女子師範學校的漢族女孩為妻，我問：「她知道你是涼山彝
族，嫁給你時有沒有猶豫？」李先生的回答是：

1　參見台灣「國史館」藏軍事委員會侍從室檔案，卷名：李仕安，入藏登錄號：
　　129000041603A。

無所謂，那個時候當龍門陣，她根本不知道是啥東西，我說我是涼山蠻子，她也不知道涼山蠻子有多兇，她沒去過嘛，後來我帶她到了雷波，她才曉得涼山蠻子是怎麼回事。

孤獨地面對着首都南京的繁華，並無任何資源可以憑藉，曲木冷靜地觀察着時機。1931 年 1 月，他終於出手了。

此時，正值十三世達賴喇嘛在英國的支持下派軍越過金沙江，侵佔占川西的白利、甘孜、瞻化、囊謙等地[1]，在西康建省以抑止達賴勢力的策略日益引起重視。[2] 在 1931 年寒冷的 1 月，孤獨的曲木敏銳地嗅到了時事的熱點，機智的他積極呼應建省議題，乘勢將「夷族」問題嫁接於其中。

3. 提出「夷族」問題

曲木向中央提議，將四川寧屬劃歸西康，而寧屬係「夷族」聚居地，他因此名正言順地提出五點建議：

一、請明令承認夷為三危之後，與康藏同種。

二、請明令夷族在政治上經濟上教育上社會上，與漢人享受同等地位。

三、請明令漢夷婚姻平等。過去夷人之女，漢人可娶，漢人之女，夷人則不能娶，此為漢夷不相合之一大原因。

四、請沿中央待遇蒙藏青年求學辦法，於京中設立夷人教

1　參見郎維偉：《國民政府在第三次康藏糾紛中的治藏政策》，載《民族研究》，2005（4）。

2　參見曲木藏堯：《從西南國防說到猓夷民族》，載《聚星》，第 2 期，1934。

化學校，教育夷族中能通漢文之青年。

　　五、請於京中設立夷務辦事處。[1]

　　在「五族共和」框架無論於思想上還是在現實中均具有強大制約力的情況下，提出「夷族為三危之後，與康藏同種」的論點，體現出在既有框架下解決問題的策略與靈活性[2]，可謂奇思妙想！這一巧妙的提議，既與曲木曾化身藏人的經歷相關，也有着一定的社會基礎。因地理較近之故，將寧屬「夷人」視同藏人並不罕見，嶺光電曾談道：

　　　某訓練處，有幾位教官，不留心遭學者之譏，雖不可深怪，但亦應改正。…… 又一次教官說：「你們活佛什麼名號？」學生說：「不懂。」又問：「有幾間喇嘛廟？」學生說：「沒有！」教官說：「還隱瞞作假。」其實倮族不信佛何來活佛喇嘛廟。有一次上面命令，要倮生引藏客參觀。倮生不得已，一個牽一人，默行全校了事。[3]

　　此時，統治着寧屬的是四川省主席兼川康邊防總指揮劉文輝。在 1929 年的「蔣桂戰爭」與 1930 年的「中原大戰」中，劉兩次反蔣，固然是蔣亟欲削弱的對象，但將寧屬由川歸康並建省，形同從劉文輝身上割肉，中央尚不敢如此動刀。於是一方面由蒙藏委員會出面，將提案轉給劉文輝「斟酌辦理」，並通過行政院以西康尚未建省、川戰

1　馬福祥：《函川康邊防劉總指揮》，載《蒙藏委員會公報》，第 15 期，1931，83~84 頁。馬福祥是蒙藏委員會委員長，是他將曲木的建議轉達給劉文輝。

2　參見趙崢：《邊地攘奪與「少數民族」的政治建構：以民國時期西康寧屬彝族問題為中心》，37 頁。

3　嶺光電：《倮情述論》，44 頁。

尚未結束等理由拒絕「此時改劃省區」，另一方面又表達出某種積極的意味，肯定寧屬歸康的合理性，明確中央在此問題上具有決定權。[1]

　　對於曲木嫁接進來的「夷族」問題，該如何處理呢？我們需要將歷史鏡頭稍微拉遠一些來觀察。1912 年，中華民國肇造，標舉五族共和之義。這一框架雖然在總體上深入人心，但也不無異議。辛亥革命前後，即產生過「六族共和」「七族共和」之說，雲南起義反清之後，也曾提出「使漢、回、滿、蒙、藏、夷、苗各族結合一體」。[2] 尤可注意者，臨時大總統孫中山對「五族共和」同樣心存不滿。孫先生是一位徹底的民族同化論者，辛亥首義之前，他就主張非漢民族應當同化於漢族，其內心深處，根本容不下所謂五族共和，也很擔心由此造成的國家分裂。辭去臨時大總統之職後數年間，他雖未明確反對現行民族政策，但強調的卻是五族需融合與同化，最終統合為單一的中華民族，五族的名稱也將因之而消亡。1919 年，他將中華革命黨改組為中國國民黨後，開始系統地闡述民族主義，反對五族共和的心聲開始直接而公開地流露：

　　　　更有無知妄作者，於革命成功之初，創為漢、滿、蒙、回、藏五族共和之說，而官僚從而附和之；且以清朝之一品武官之五色旗，為我中華民國之國旗，以為五色者，代表漢、滿、蒙、回、藏也；而革命黨人亦多不察，而捨去吾共和第一烈士陸皓東先生所定之中華民國之青天白日國旗，而採用此四

1　參見趙崢：《邊地攘奪與「少數民族」的政治建構：以民國時期西康寧屬彝族問題為中心》，37 頁。

2　參見趙崢：《邊地攘奪與「少數民族」的政治建構：以民國時期西康寧屬彝族問題為中心》，29~31 頁；李愛軍：《近代中國「六族共和」論》，載《西北民族大學學報（哲學社會科學版）》，2013(4)。

分五裂之官僚旗……此民國之不幸，皆由不吉之五色旗有以致之也。[1]

1921年，他將觀點表述得更為透徹：

　　講到五族底人數，藏人不過四五百萬，蒙古人不到百萬，滿人只數百萬，回教雖眾，大都漢人。講到他們底形勢，滿洲既處日人勢力之下，蒙古向為俄範圍，西藏亦幾成英國底囊中物，足見他們皆無自衛底能力，我們漢族應幫助他才是。漢族號稱四萬萬，或尚不止此數，而不能真正獨立組一完全漢族底國家，實是我們漢族莫大底羞恥，這就是本黨底民族主義沒有成功。由此可知，本黨尚須在民族主義上做功夫，務使滿、蒙、回、藏同化於我漢族，成一大民族主義的國家。[2]

　　然而，到了1924年，孫中山的真實心態，在「聯俄、聯共、扶助農工」的大環境中，卻意味深長地出現了一種隱晦不明。在蘇聯與共產國際「民族自決」論的影響下，國民黨在闡述民族政策時，不得不加進「民族自決」的表述，卻在其中隱藏着孫中山一以貫之的「同化論」精神，這就在措辭上產生了某種矛盾。共產國際代表鮑羅廷與秉承孫中山意旨的汪精衛為此激烈論爭，結果以前者的無可奈何告終。孫中山去世後，國民黨逐漸擺脫了蘇聯的控制和影響，「民族自

1　中山大學歷史系孫中山研究室、廣東省社會科學院歷史研究所、中國社會科學院近代史研究所中華民國史研究室合編：《孫中山全集》第5卷，187頁，北京，中華書局，1985。

2　中山大學歷史系孫中山研究室、廣東省社會科學院歷史研究所、中國社會科學院近代史研究所中華民國史研究室合編：《孫中山全集》第5卷，473~474頁。

決」的表述被刪除，手握大權的蔣介石，廢止了表示五族共和的五色旗，將青天白日旗確立為正式的中國國民黨黨旗，部分踐行了孫中山的遺願。五族的名稱自然還在，且其觀念已深入人心，但中國政府的民族政策，開始或明或暗地貫穿着民族同化的實質。[1] 在非漢族聚居區推行省縣地方制度，實行地方自治而非民族自治，強調國大代表選舉以行政區域為範圍，等等，皆可作為例證。[2] 1933 年，蒙藏委員會委員長石青陽甚至主張該會所轄各部司概以數字命名，去掉滿、蒙、回、藏諸字眼，以泯滅民族界限和地域畛域。[3]

在上述政治與意識形態的背景下，凸顯「夷族」絕不會受官方待見。關於曲木所提五事之一、二、三項，行政院答以：

> 對於夷族平等待遇、互通婚姻各節，國內各民族一律平等，原為本黨固定主張，並於第一次全國代表大會宣言已鄭重聲明，地位既屬同等，婚姻自可互通，毋庸呈請明令規定。

對第四項所請在京設立「夷族」學校一節，行政院覆稱：

1　以上關於孫中山民族思想以及國民政府民族政策演變之情形，參見［日］松本真澄：《中國民族政策之研究：以清末至 1945 年的「民族論」為中心》，魯忠慧譯，74~155 頁，北京，民族出版社，2003；James Patrick Leibold, *Constructing the Zhonghua Minzu: the Frontier and National Questions in 20th Century China*, A Dissertation Presented to the Faculty of the Graduate School, University of Southern California, 2002, pp. 34-101.

2　參見楊思機：《以行政區域統馭國內民族 —— 抗戰前國民黨對少數民族的基本策略》，載《民族研究》，2012（3）。

3　參見楊思機：《20 世紀 30 年代內蒙自治聲中蒙藏委員會改組芻議》，載《民族研究》，2010（5）。

首都各級學校應有盡有，現蒙藏委員會又正在籌設蒙藏學
校，該族言語既與藏族相近，如有志願來京求學之青年，資格
相合，自准保送蒙藏學校或其他相當學校肄業，與蒙藏學生一
律待遇。

要求雖然被拒，但明確了「夷族」學生可享受蒙藏學生待遇，總
算有所收穫。最後一項是關於在京設立「夷」務辦事處的，行政院
決定：

寧屬原係縣治，無論隸屬四川、劃入西康，均在地方政府
管轄之下，並非由中央直轄，無在京設立辦事處之必要，原呈
似可存備參考。[1]

中央顯然不想彰顯「夷族」的存在，但曲木也並非一無所獲，輿
論之火總算點燃，當時幾家有影響力的報刊，如《中央日報》《新亞
細亞》均及時登載了曲木請願的全文。[2] 中央也注意到了，有一位頗不
尋常的「夷人」，在處理西南非漢人群事務方面具有特殊價值。曲木
也由此確立了緊跟中央的行動策略，寧屬「夷人」的意義，也力圖納
入中央的戰略中來詮釋與呈現。曲木一生的成功與悲劇，均由此揭開
了序幕。

曲木的策略直接源於他在南京的地利之便，選擇也可謂聰明。高

1　《汪濟西請劃四川寧屬為西康省範圍及建議五事案》，台灣「國史館」藏檔案，全宗
　　名：國民政府，入藏登錄號：001000004611A。
2　《川省夷族請劃入西康並要求提高地位改善生活》，載《中央日報》，1931-03-19，
　　第 2 張第 3 版。《川西夷族請劃入西康》，載《新亞細亞》，第 2 卷，第 2 期，
　　1931。

處發聲，自上而下，容易佔據道義制高點，也容易引發輿論關注；取得中央支持，在獲取資源等方面也別具優勢。不過，在當時特殊的政治環境中，緊跟中央也意味着為自己樹立許多對立面。曲木請願的消息傳到四川，引起了一眾寧屬士紳的不滿，1931 年 5 月，自稱為寧屬八縣代表的胡坤等 20 人，呈文中央政府，從稅收、民意、交通等方面駁斥曲木寧屬歸康的觀點，並強調「猓夷」對寧屬的威脅，矛頭直指曲木的同胞們。[1] 同年 6 月，曲木以回應國人對其呈文「發生疑問」為由，撰寫《川康寧雅屬夷族問題及其生活的研究》，連載於《中央日報》。在該文中，他更加露骨地表示，寧屬之區位不但關係「國家國防」「川康交通」和「川藏交通」，而且「在軍事地勢上之觀察，欲制四川軍閥於死命，其地極為重要」，「我中央如欲徹底解決川省問題，利用此良好地勢及強悍民族，為切斷軍閥後尾之出路，使能瞻前而不能顧後，不難用重兵一鼓蕩平」。[2]

很快，曲木就從蒙藏學校畢業了，恰逢九‧一八事變爆發，已經嶄露頭角的曲木，以「夷族同胞」的身份，受邀至南京各中等以上學校演講，他情辭懇切，「語言尤流離動人，頗能激發當時一般人之同仇敵愾心裏［理］」[3]。「夷族」前途關係着國家安危，「夷族」問題聯繫着新形勢，曲木在時局變化中更新着他的陳述。當年 11 月，國民黨第四次全國代表大會在南京召開，曲木申請以「夷族」代表的身份列席，理由是：

1　參見《汪濟西請劃四川寧屬為西康省範圍及建議五事案》，台灣「國史館」藏檔案，全宗名：國民政府，入藏登錄號：001000004611A。

2　趙崢：《邊地攘奪與「少數民族」的政治建構：以民國時期西康寧屬彝族問題為中心》，38 頁。

3　張伯倫：《夷族革命的先進 —— 曲木藏堯》，載《西康青年》，第 2 卷，第 4 期，1942。

第一，「夷族」聚居於川、滇、康邊防要地，擁眾百萬，但沒有一位代表；

第二，數百年來，政府的不作為，導致許多「夷人」形同獨立，加上帝國主義「煽惑侵略」、本身文化落伍等原因，「夷族」未能成為「我大中華民族中健全之民族及作我西南保國之幹城」；

第三，現在國家外患日亟，「正當急謀振興大中華民族之秋，是則對於提攜邊疆弱小民族當開一新紀元」；

第四，曲木為「夷族」中到內地接受三民主義教育之第一人，又身為黨員，在黨國「另樹新猷之際」，感於「總理民族主義之深痛於外患之烈」，故懇請列席大會，將「夷族衷腸中所欲請求者得陳述於全國代表之前，使全國代表皆注重邊疆進而扶植邊疆弱小民族以鞏固全國邊防」，是為「夷族」之幸！黨國之幸！

執政者的視角與曲木仍然沒有交集。大會祕書處援引了國民黨第四次全國代表大會組織法第二條，指出「全國代表大會開會時，中央執行委員及中央監察委員得出席，中央候補執行委員及中央候補監察委員得列席」，而曲木所請與規定不合，只能依法申請旁聽。[1]

有意思的是，在蒙古族、藏族已有正式代表參會的情況下，蒙藏委員會還向大會祕書處申請增加名額，以滿足「蒙藏及回部在京重要人士」的需求，其中包括青海藏族 8 人、蒙古 6 人、西藏 6 人、回部 1 人、西康民眾代表 1 人。祕書處覆稱：青海藏族 8 人准予列席，其餘 14 人准許「每日到會領券旁聽」。[2] 可見，曲木的被拒，不在於規則

1　參見《夷族曲木藏堯上四全代會主席團呈》，中國國民黨黨史館藏檔案，系列名稱：會議記錄，館藏號：會 4. 1/36. 8。

2　參見《蒙藏委員會馬福祥上四全代會祕書備處公函》，中國國民黨黨史館藏檔案，系列名稱：會議記錄，館藏號：會 4. 1/36. 11。

的牢不可破，而在於中央並不想在五族之外橫生枝節。

4. 四川之行

「夷族」的政治身份可以不給，但「夷族」的存在卻是擺在西南的事實，曲木的價值因之而凸顯。國民黨中央很快任命他為「川滇康夷族黨務宣傳員」，蒙藏委員會則委以「西南夷族考察員」之職，派其赴四川「宣化夷族」。蒙藏委員會委員長石青陽為此親自致信執掌蜀中大權的劉文輝與劉湘。[1]

有着中央代表的身份，四川的軍閥們也不得不給點面子。劉文輝、劉湘堂叔姪分別在成都、重慶接見了他。在蓉居留期間，前者還委以他二十四軍軍部參議職務，並允許他到自己所控制的寧屬地區開展活動。[2]

曲木深知，「夷族」的前途，既在於政府與輿論的同情與扶持，更在於「夷族」自身的「進步」。扶持助推「進步」，「進步」造就更多的外來扶持機會，二者相輔相成。而「進步」的關鍵在教育，他本人，不就是一個教育改變命運的例子嗎？曲木衣錦還鄉，心中不無焦慮，在他看來，同胞們不通漢語，遠離文明，待人接物、日常生活種種，都有待規範。他要把孩子們召集起來，用三年的時間，教他們漢語以及各種技藝與常識，改良他們的生活方式：吃飯、穿衣、走路、坐凳子、侍奉父母、交接朋友……都要一一示範教導。[3]

在西昌小教場，有一座關帝廟。1929 年，二十四軍曾在此開設

1　參見楊尚忠：《曲木藏堯之死》，見中國人民政治協商會議越西縣委員會文史資料徵集委員會編：《越西縣文史資料選輯》第 1 輯，1987。

2　參見趙崢：《邊地攘奪與「少數民族」的政治建構：以民國時期西康寧屬彝族問題為中心》，39 頁。

3　參見曲木藏堯：《從西南國防説到猓夷民族》，載《聚星》，第 2 期，1934。

過「化夷學校」，由政府飭令各支「夷酋」，遣送「夷童」入學。但師生語言不通，生活習慣又格格不入，學生們紛紛逃跑，學校隨之關門大吉。曲木到來後，與二十四軍一拍即合，在西昌聯中校內興辦「寧化學校」，仍由政府飭令各「夷」遣送幼童入學，開校時多達100餘人。然而，身為「夷人」且精通「夷」漢雙語的曲木，仍然無力回天，學生很快「逃遁多半」，迨至曲木離開，周維權協辦，學校不久就宣告結束了。究其原因，縣志歸於「夷童感於生活習慣語言之不同」[1]，曲木則歸咎於缺乏政府的資金支持，經費全憑他的個人財產和「向夷人募集」，難以為繼[2]。40多年後，同窗好友楊尚忠的回憶支持了曲木的觀點，楊認為，劉文輝之姪、西昌駐軍長官劉元璋對曲木滿不在乎，多次給他潑冷水，學校僅辦兩期後就因經濟困難停辦。[3]政府的不支持，可能也是無暇他顧，當時因劉文輝、劉湘爭奪蜀中大權而爆發了中國現代史上有名的「二劉大戰」，劉文輝節節敗退、狼狽不堪。曲木的學生中，有一位叫潘文明，中華人民共和國成立後曾做過越西縣政協委員。[4]

曲木的離去，並不意味着西昌邊民教育的終結。對政府而言，面對着眾多桀驁不馴的「夷人」，如果能通過教育來予以「化導」，減少他們與漢人之間的相互敵對，培養他們對政府的親近感，將「夷人」

1　民國《西昌縣志》卷七《教育志》，見《中國地方志集成·四川府縣志輯》第69冊，成都，巴蜀書社，1992。

2　參見曲木藏堯：《從西南國防説到猓夷民族》，載《聚星》，第2期，1934。這篇演講記錄稿稱曲木在越西縣城內辦「化夷學校」，有誤。

3　參見楊尚忠：《曲木藏堯之死》，見中國人民政治協商會議越西縣委員會文史資料徵集委員會編：《越西縣文史資料選輯》第1輯。

4　參見王大成（曲木達成）、王大倫（曲木達倫）、王大文（曲木達文）：《涼山彝族文化教育的先驅——曲木藏堯》，見中國人民政治協商會議涼山彝族自治州委員會文史資料編輯委員會編：《涼山文史資料選輯》第15輯。

納入管理範圍，可謂上上之舉。因此自清末以來，許多地方官員都致力於此，形成了所謂「邊民」教育。僅以西昌縣（今西昌市）而論，曲木離開數年後，又辦起了邊民訓練所以及多達 16 所的邊民小學校。[1] 此時，在「二劉大戰」中喪失蜀中大權，被迫退到雅安、寧屬、康定一帶的劉文輝，積極推動西康建省並當上了省主席，邊民訓練所就由他兼任所長。

西昌的辦學雖以失敗告終，但曲木在這裏收穫了愛情。他邂逅了後營巷漢族商人之女朱彬禮，二人彼此愛慕，喜結連理。在當時的寧屬「夷人」社會，娶一位異族女子，可謂驚世駭俗！直到中華人民共和國成立後，寧屬的許多彝族男女仍然不能接受與他族通婚。1990年，涼山彝族男青年曲木約質因與漢族女青年柳翠香相戀，遭到整個家族的強烈反對，要將他開除出氏族，他的堂哥甚至要打他殺他，以命換命。婚後其父母親戚都與他斷絕了來往。[2]

曲木倡導「以性救國」，他的婚姻，是兩情相悅，也是社會革命。在他看來，只有不同種族的混血，才能造就優等的人種：漢人頭腦聰慧，但體魄不強，且沉溺於鴉片，日漸柔弱；「夷人」智識落後，但體格強健；「夷漢通婚」，優勢互補，新一代的中國人必然兼具文明的頭腦與「野蠻的身體」。[3] 曲木婚後育有一女名曲木阿依。2007年 11 月在成都家中，她向我暢憶往昔，説自己 1950 年看見解放軍進城就參了軍，自中央民族學院第一期畢業後，她就職於《青年報》，被《大公報》譽為「新中國的第一位彝族女記者」。她的丈夫揚嶺多

1　參見民國《西昌縣志》卷七《教育志》，見《中國地方志集成・四川府縣志輯》第 69 冊。

2　參見曲木約質：《涼山白彝曲木氏族世家》，96~116 頁。

3　參見曲木藏堯：《從西南國防説到猓夷民族》，載《聚星》，第 2 期，1934。

吉是藏族人，曾任四川省副省長，西藏自治區黨委副書記、自治區政
協主席。

　　此番四川之行，曲木還扮演了演説家的角色。入川之後，二劉親
自出面接待，許多機關、學校都來請他演講，記者紛至沓來，「一時
轟動成渝兩地」。為了應付四面八方的來客，他專門找了昔日同窗好
友楊尚忠、曹良璧來協助。1932 年，他在遂寧講述在上海目睹「一・
二八」事變的見聞，宣傳抗日，「英姿飄逸，談吐雄快」，為輿論界所
矚目。[1]

5. 對「夷族」的論述

　　1933 年 1 月，曲木在寒風中返回南京覆命。[2]11 個月後，當嚴寒
再次來臨時，他已出版了《西南夷族考察記》一書，是為第一部從主
位角度論述「夷族」的著作。在繁忙的公務之餘，如此快速地撰就此
書，可見曲木的勤奮、才思以及亟欲凸顯「夷族」存在的迫切心情！
除該書外，曲木對「夷族」的論述，還呈現於不斷的演講中。

　　西南漢人常稱「夷人」為「猓猓」，曲木深悉其意，「大意不外説
他與動物相似，還不脱犬羊的形狀，無具人的資格」。但他對此卻秉
持着一種冷靜，在書中，大量出現「猓夷」「猓夷民族」等稱謂。該
書的材料，主要來自他的親身經歷與調查，涉及族源、歷史時，則採
用漢文史籍、地志、筆記，如歷代正史中關於西南夷的記載、《雲南
通志》《南詔野史》《滇中瑣記》等。

1　　參見楊尚忠：《曲木藏堯之死》，見中國人民政治協商會議越西縣委員會文史資料徵
　　　集委員會編：《越西縣文史資料選輯》第 1 輯；趙崢：《邊地攘奪與「少數民族」的
　　　政治建構：以民國時期西康寧屬彝族問題為中心》，39 頁。
2　　參見《曲木藏堯談西南夷族情況》，載《申報》（本書所引《申報》均係上海版，不
　　　再註明），1934-06-11，第 9 版。

西南夷族考察記

曲木藏堯著

王陸一題

王陸一所題《西南夷族考察記》書名

　　曲木強調，徵諸史籍，「夷族」源出中國本部，從中心地帶分離出來後，佔據西南一隅，順應自然環境而形成風俗、語言、文字、習慣各異之民族，因地理的閉塞，「文化無由發展」。以此，曲木反駁「夷族」西來說，否定「夷族」是外國人種。至於許多「夷族」不向政府繳稅、不受法律約束、與漢人之間相互仇殺、形同獨立等，是長期以來政府的治邊政策錯誤所致。曲木由此在學理上肯定了「夷族」是中華民族的一分子。

　　「夷」是一種泛稱，涵蓋西南的苗、「猺」「猓夷」等族；也是一種專稱，特指「猓夷」——這正是曲木書中所指的「夷」。「夷」（「猓夷」）分黑、白，「黑夷」佔十之一二，「白夷」佔十之八九，曲木承認「黑夷」是領主，居統治地位，但並不認為黑、白「夷」的血統天然有別，也不認可雙方之間絕對壁壘森嚴。在他看來，黑、白「夷」原係同源，無非「黑夷」居統治地位而已。「白夷」如果勢力壯大，同樣可以躋身「黑夷」，甚至對其取而代之。不過，「黑夷」始終能保持血統的純粹，而「白夷」卻不斷混血或同化他族，由此分出三種「白夷」：第一代「白夷」，純為「黑夷」血統，不過居於被統治地位；第二代「白夷」，血統混雜；第三代「白夷」，皆為被擄漢人。曲木的論述，消解了「黑夷」自詡的神聖性。

　　曲木十分強調「夷族」對國家的重要性。首先，控制了越南、緬甸的英法帝國主義，其殖民中國大西南的禍心昭然若揭。他們利用少數漢奸，販賣武器給「夷人」，慫恿「夷人」與漢族脫離關係，並欲修鐵路聯通昆明。如果計劃完成，不但可「制雲南之死」，而且進而可控制四川，西南各省，將成為又一個東北。欲阻止英法帝國主義的野心，經營好扼川滇之要衝的「夷區」是關鍵。其次，當時中央尚不能有效控制西藏，英國又積極慫恿西藏獨立。「夷區」毗鄰藏區，雖大山重疊，但海拔較低，將其劃入西康後新設一省，有利於解決西藏

問題。最後，「夷區」物產豐富，若能加以開發，推行移民殖邊，有助於解決內地人口過剩問題。在一次演講中，他更加直白地警告：其時滿洲被日本侵佔，蒙古正鬧着要獨立，新疆的回族更夢想着恢復從前的勢力而脫離中國，至於西藏，達賴的野心與英帝國主義的陰謀交織在一起；中國已經形成孤立地位了，「滿、蒙、回、藏，都脫離了，我們眼前還不趕緊抓住這一個民族 —— 猓夷民族」？

　　曲木認為，「夷族」主要分佈在四川建昌道，即寧屬範圍，「其他如雲南邊境及西康木里一帶，亦散居有此種民族」。今天貴州的彝族聚居區，被他忽略了。「夷族」的總人口，他估計有 100 萬左右，其中與政府較為親近的「熟夷」，為數有 33 萬多。在之後的一次演講中，他則認為「夷族」人口有 200 萬。這樣懸殊的數字，説明當時對「夷族」人口尚缺乏系統的調查統計，他對「夷族」的認識，也處於不斷更新中。[1]

　　《西南夷族考察記》一書，由國民黨元老于右任的親信、時任監察院祕書長的王陸一題寫書名，辛亥革命元老、書法家公孫長子為該書題詞，蒙藏委員會委員長石青陽、代表蔣介石入川協調中央與地方軍閥關係的曾擴情均為該書作序。該書 1933 年 12 月在南京出版，不到半年後即再版。[2]

1　以上論述，參見曲木藏堯的《西南夷族考察記》（1~12、51 頁）與《從西南國防説到猓夷民族》。

2　參見趙崢：《邊地攘奪與「少數民族」的政治建構：以民國時期西康寧屬彝族問題為中心》，40 頁。

東本中國古族其性仁厚
其字從人挾弓為有文
德而又尚武之民族孔子欲
居九夷孟子言舜東夷之
人文王西夷之人率族……
重之矣
藏堯其勉之
卅三年五月 謝无量題

著名學者、書法家謝無量為曲木藏堯的《西南夷族考察記》題詞

二、阿弼魯德 [1]

　　1934 年 3 月下旬某日，南京提拔書店內，一位 25 歲的年輕人正聚精會神地閱讀着最新一期《聚星》，上面載有曲木藏堯的《從西南國防説到猓夷民族》。他完全被吸引住了，臉上不時浮現出興奮之情。

　　年輕人叫阿弼魯德，是貴州威寧縣大街鄉野洛沖「黑夷」，漢名王家勛，字敏恭，先世係烏撒土司的布摩，但自清初烏撒改土歸流後，王家就逐漸放棄這一職業了。而且隨着上好的田土被清軍佔據，王家像當時的其他「夷人」一樣，被迫往山上遷徙，到魯德時，已在野洛沖居住了幾代。[2] 楊柳河自南向北，在群山之中蜿蜒而來，野洛沖位於極其狹窄的河谷地帶，海拔 1800 多米。站在谷底，觸目四望，東西北三面皆山，平疇鮮少，羊群悠遊於山間，谷地以及山中平整而出的土地上生長着苞穀、洋芋與蕎麥，在涼爽的高原夏天，農人們鮮豔的本族服飾掩映在粉紅、嫩綠交錯的蕎花中。這是魯德自小熟悉的風景。近一個世紀後，即 2018 年春天，魯德之孫王險峰先生帶着我翻山越嶺來到這裏，景物大都依舊，但楊柳河已經乾涸了近 30 年，烤煙成為另一種重要作物，煙草公司在河道上修了一條簡易公路。問起這條曾經的河流的名字，當地人大多已茫茫然了。

　　魯德的弟弟王家均，現年 99 歲，身體康健，住在威寧縣城內。他説，小時候家裏算不上多富有，「我家當時有四戶佃戶，其中安多街一戶，以獨一戶，邱家灣子兩戶，另有一戶長工，牲畜有綿羊、山

1　本節的敍述，如未註明出處者，均來自阿弼魯德的弟弟王家均、孫子王險峰的口述。王險峰先生是家族歷史、鄉土歷史的愛好者，採訪過許多當地老人，特別是魯德的妻子安美媛，告訴過他許多魯德的事情。

2　參見王家慶：《野洛沖王氏祖先人物史實錄》，未刊稿。王家慶（1923-2009）是魯德堂弟，曾就職於貴州省水電廳測繪大隊、水利設計院。

羊，牛長期都只餵一頭，還養有馬」。這樣的家境當然還過得去，但要讓子女走南闖北去讀書，顯然力有未建。魯德還小時，父親就去世了，他的舅舅（漢名安延楨）也是他的岳父，財力雄厚，一直資助他。魯德幼年入讀族人王天銓於 1907 年創辦的四方井教會學校，畢業後，進入基督教循道公會創辦的雲南昭通宣道中學，完成了初中學業，然後赴貴陽市讀高中，1933 年來到江蘇，就讀於南京附近的鎮江三育教會大學。「我舅舅（魯德之岳父）給他寄錢，是安排一位苗族老人到赫章縣的葛布去寄，是教會系統的郵政。」王家均老人回憶說。

魯德是一位充滿激情和理想主義的學生。對於曲木，他雖緣慳一面，但並不陌生。1931 年，《新亞細亞》月刊上刊登了曲木寫給戴季陶的信，他讀後心潮澎湃，按捺不住內心的激動，立即致函曲木，可惜未能送達曲木手中。此後，曲木的文章與行動不斷見諸報刊，令魯德頗為神往，但他遍查曲木住址而不得，拜訪無門。

曲木的新作又一次震動了魯德。他很快修書一封，委託提拔書店轉交。才過了幾天，他激情未消，意猶未盡，再次致信曲木，除表達讚美與欽佩之外，他坦言：

> 可是，先生，紙上談兵，每多不濟於事，所以吾人欲作此重大之工作，必須組織嚴密之團體 —— 文化促進會 —— 在中央政府指導之下，奮力猛進，作我族之向導。在縱的方面，我們必須集合多數同志，努力宣傳，恢復民族的意識，振起民族的精神，組織成一個有系統，有規律的民族，使能適應現在的環境，永久生存於世界。在橫的方面，努力普及教育，增設文化機關，促進民族文化，提高民眾的智識，使知自衛、自治之方。不再受帝國主義者之愚弄，在世界民族史上，爭一點光榮，先生以為然否？

　　在人類中，有組織的團體，才有生存的可能……

　　今日這種復興的責任，我們自身不來幹，誰又肯來負這個重任呢？[1]

　　魯德一語道出關鍵之處 —— 組織。曲木顯然被深深打動了！此時的南京一帶，已多了幾位「夷人」。年齡最長者為王濟民，亦名曲木倡民，是為曲木的兄長，經由曲木的介紹入讀於南京曉莊蒙藏學校。一位是越西田壩的土司嶺光電，「夷」名紐紐慕理，是南京中央軍校的學生。一位是安騰飛，其祖上可能是烏撒土司轄下的土目，當時在鎮江教會三育大學唸書。還有一位是王奮飛，來自水西土司的大本營 —— 今大方縣，就讀於金陵大學。[2] 寥寥數人，族類身份相若，邂逅在繁華的天涯異鄉，自然生起特別的情感。「你理解不了我們。」2008 年，李仕安先生在一次談話中，提到嶺光電，他就掉淚了，他說，「1942 年我在西昌第一次見到嶺光電。我們一見如故，我和王濟民也是一見如故。你們體會不了，漢族與漢族碰到，不會有我們這種感情，現在的彝族人也不會有了。這是被壓迫民族的感情，到處都說我們是蠻子！」

　　曲木是「白夷」，也並非最年長，但他的閱歷與身份，使他無可爭辯地成為眾人的核心。魯德寫信之後僅僅月餘，經由曲木牽頭，「西南夷族文化促進會」正式成立。設立此會的公開理由是：文化之進退，關係一民族之存亡，苟一民族不努力其文化之進步，則覆亡可立而待；現在中國國難當頭，大中華民族已於生存之意識下覺醒，作為大中華民族一分子的西南「夷族」，自當奮發追趕，完成整個中華民族之復興；因此，本着中山先生「提攜國內弱小民族，與扶助世界

1　阿弼魯德：《與藏堯同志書》，載《新夷族》，第 1 卷，第 1 期，1936。
2　參見溫春來、爾布什哈主編：《嶺光電文集》（下冊），237 頁。

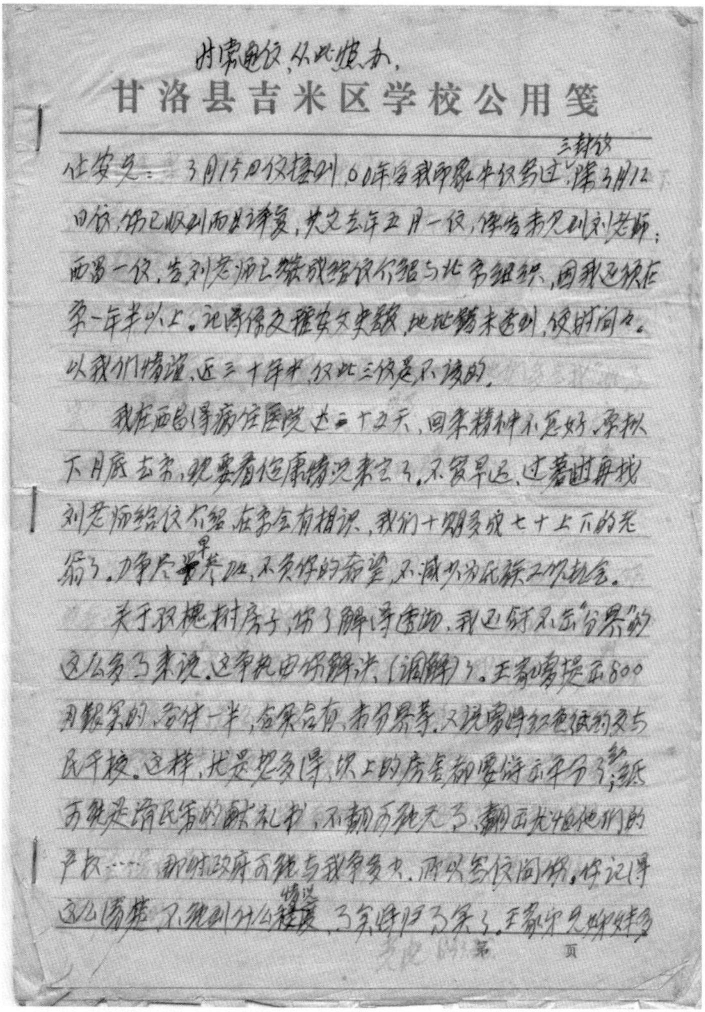

嶺光電致李仕安的信

弱小民族之精神」，成立西南夷族文化促進會。曲木親任促進會常務委員，阿弼魯德、嶺光電、王奮飛、安騰飛任執行委員，王濟民任候補委員，辦公地址設於南京漢府街玉琳坊二號。入會的條件是：凡旅京、滬一帶之「夷族」，同情本會宗旨，經會員三人以上之介紹皆得為會員。不過，南京的「夷人」就那麼幾位，除了常委、執委、候補執委之外，估計就沒幾個普通會員了。

　　促進會的成立，意義深刻！首先，這確定了之後「夷族」運動的一個方向——組織化與機構化。其次，通過與來自各地的「夷族」接觸以及西南夷族文化促進會的運作，曲木心中的「夷族」範圍顯著擴大了。此前，他認為「夷族」主要分佈在四川寧屬、雲南邊境及西康木里一帶，總人口有一二百萬。而在《西南夷族文化促進會宣言》中，「夷族」則處於川滇黔康數省之地，人口多達兩千餘萬。而促進會除在首都設立總會外，還擬在川滇康黔「夷族」最多之處設立分會。最後，曲木以「白夷」的身份，在促進會中居於中心地位，受其領導者，有土司、有「黑夷」，這在大家過去的人生經驗中是難以想像的。這表明，這一群為「夷族」爭取政治地位的年輕人，對所謂「黑白」界限有着一種全新的眼光與豁達的心態，在爭取「夷族」與他族的平等權利時，自然也超越了自身內部的不平等。[1]

　　促進會成立甫一月，曲木被國民黨中央、蒙藏委員會分別委任為川滇康夷族黨務特派宣傳員、西南夷族考察員，再次前往西南，以期「逐漸發展川滇康邊境夷族之文化，為中央開發西南之先聲」[2]。他的離開，打擊了新生的促進會，餘下諸人，大都忙於學業，而且資歷淺，

1　以上幾段論述，參見《西南夷族文化促進會宣言》《西南夷族文化促進會簡章》，均載《新夷族》，第 1 卷，第 1 期，1936。

2　《中央派員考察西南夷族生活》，載《申報》，1934-06-09，第 6 版。

社會影響力有限。不過，促進會仍然在運轉。滿懷激情的阿弼魯德放棄了學業，專心操持着會務工作，個人的經濟狀況因此而陷於破產境地 —— 他應該是貼了不少錢。[1]

促進會成立後，大家積極利用各自的社會關係，努力向數千里之外的西南各省「夷區」傳遞這一信息，以期引發同胞共鳴，獲得他們的支持並建立分會。涼山地區實力最雄厚的土司之一 —— 暖帶密土千戶嶺邦正知悉後，用本族文字致信王奮飛、嶺光電，嶺光電將其譯為漢文，其中說道：

> 以前計劃，我都贊成，並願實地有所表現，無論是解除（自）身痛苦，無論是發奮為國，都應有很好的計劃，如你們指示的……現在我們一共要為國家民族求得沒痛苦，沒貧賤，相親相愛的一個安樂社會吧！
>
> 文化促進會，最好在南京有很好（的）工作完成，取得中央的聯繫，免得怪［壞］人破壞，妨害工作。川南分會不愁會員少，經費不愁找不住，只愁政府不准，和一些人的嫉妒。

嶺邦正也傾訴了自身的孤獨之情：

> 現在我一人孤立，對官府，對赤匪，對紳糧，對黑夷都自己去擔當，呵，多麼寂寞！[2]

1　參見王奮飛：《與京中諸同志書》、曲木倡民：《與奮飛同志書》，均載《新夷族》，第 1 卷，第 1 期，1936。

2　嶺邦正：《與奮飛光電書》，載《新夷族》，第 1 卷，第 1 期，1936。引文中，「（）」內的字是筆者根據文意加進去的，「［］」內的字是筆者對原文錯別字的改正，「［ ］」內的字如加了「 」，則是筆者認為根據文意應刪去的字，下同。

　　積極回應者當然不止嶺邦正，王奮飛為此表現出了一定的樂觀：「經濟方面，已得各方來函，稍有把握，我等也相信整個的西南夷族，並未消滅乾淨，我們的後援，總不會無人。」鑒於運動剛剛開始，他認為當下工作的重心是宣傳。[1]

　　對此，阿弼魯德深表贊同，並拋出了一個大方案——在《中央日報》開闢專欄，卻被王奮飛當頭潑來一盆冷水。王認為此事毫無可行性，寥寥數人，有的已赴外地，有的忙於學業，怎樣負責「每期三五千言的文責」？與其讓專欄名不副實，還不如與《中央日報》商洽，有需要時就發表一些。此外，有多少同胞能接觸到《中央日報》？當務之急，應該是直接面向他們宣傳，而不是從「最高峰的中央日報下手」，王就此擬定了具體的方案。在他看來，現在促進會「名已過實百倍，再在中央日報上一吹，恐將千倍過之矣」！[2] 這個意思，當然是說促進會尚未做多少實際事情。奮飛顯然較魯德多了一份冷靜與沉着。

　　僅僅 10 多天後，魯德就離開了南京，前往雲南，深入「夷地」去開展動員工作。[3] 這一突然的決定，是否與奮飛的觸動有關，我已經難以判斷。而魯德妻子安美媛的回憶則揭示了他所面臨的新困境：當時貴州搞清鄉，政府到處籌款，魯德的岳父被逼着交錢，人被抓了，家裏的槍也被收了。無法再得到岳父家支持的魯德，只得告別南京，前往雲南。在雲南，他推動建立了西南夷族文化促進會昭通分會。昭通與威寧山水相連，魯德在這裏享有地利人和之便，他常常騎着馬奔走在滇黔邊境綿延起伏的群山之中。「這匹馬，究竟是昭通分會配的，還是我舅舅（魯德岳父）給的，我已經不清楚了。但馬夫李小

1　參見王奮飛：《與京中諸同志書》，載《新夷族》，第 1 卷，第 1 期，1936。

2　嶺邦正：《與奮飛光電書》，載《新夷族》，第 1 卷，第 1 期，1936。

3　參見王濟民：《與奮飛同志書》，載《新夷族》，第 1 卷，第 1 期，1936。

根，是我舅舅派的。」王家均老人回憶說。大概就在這一時期，雲南
省政府主持修建的昆（明）昭（通）公路的施工已進入最後階段，因
滇東北的會澤、昭通之間山險谷深，工程艱巨，遂將路線改由宣威經
黔省威寧而至昭通[1]，魯德又在龍街動員民工參與築路。

回到家鄉後不久，魯德就與表妹安美媛結婚了。在楊柳河谷的野
洛沖老家，他們舉辦了一場轟動四方的新式婚禮：家門口搭了一個台
子，台子四周鋪滿翠綠的松針，松針上面坐滿了來自四方井、勺落多
兩所學校的師生們，新娘穿着從昆明買來的潔白婚紗，與主婚人、新
郎、男儐相、女儐相一起站在台上。[2]安美媛畢業於雲南省立女子師範
學校，是一所教會學校的老師。

魯德返鄉後，於 1936 年發表了一篇《中華民族之復興與西南
夷》，該文開篇即洋溢着魯德一貫的激情：「國土日蹙！民族不安！
有五千年攸[悠]久歷史之老大中華民族，大有岌岌不可終日之勢！」
接着，他像曲木一樣，簡述了中國所面臨的危機以及「夷族」與國家
之間數千年的關係，並號召「夷族」青年為了中華民族的未來而奮鬥
犧牲！此時，外蒙古早已獨立，東北淪亡於日本，英、俄勢力滲透於
西藏、新疆，西南一隅也面臨着英法帝國主義的虎視覬覦，更可堪憂
者，日本在華北步步緊逼，通過所謂「防共自治運動」，極大地侵蝕
了中國對華北的主權，目睹國事日非，魯德筆下激盪着憂憤之情。[3]

這篇文章當然含有為「夷族」爭取政治地位的策略，但是否同時
兼有誠摯的國家情懷呢？魯德的心曲早已湮沒於歷史之河，我們只有

---

1 參見浦漢英：《昭通地區的交通歷史概況》，見中國人民政治協商會議雲南省昭通市
　委員會文史資料編輯室編：《昭通文史資料選輯》第 2 輯，1986。

2 參見王家慶：《野洛沖王氏祖先人物史實錄》。

3 參見阿弼魯德：《中華民族之復興與西南夷》，載《新夷族》，第 1 卷，第 1 期，
　1936。

在蛛絲馬跡般的史實中探幽尋奧。1938 年，貴州省政府保安處副處長劉鶴鳴要擴充人馬，魯德積極響應，招了七八十人，組成一個連，親任連長，先後在貴陽、關嶺等處駐防。再二年，經同鄉親戚、時在滇軍第九十三軍任營長的安永松介紹，他認識了滇軍重要將領、盧漢的叔叔盧浚泉，於是改而投奔滇軍，開拔到瀰漫着抗日烽煙的雲南開遠，先後擔任過特務營營長、輜重營營長等職。王家均回憶說：「哥哥到滇南抗戰後，就沒有回過老家。」安美媛曾帶着兒女跟着魯德在開遠大莊鄉隨軍，也很難見到丈夫一面。迨至抗戰勝利，滇軍調往越南對日受降，安美媛帶着孩子返回威寧老家，魯德則被裹挾在接下來的國共內戰洪流中，1947 年隨着滇軍第九十三軍遠赴東北，擔任某團團長，後在遼瀋戰役中失蹤。安美媛沒有再嫁，在那些艱難的歲月中，獨自帶大了一兒一女，於 1992 年 12 月去世。

　　魯德離京返鄉後，王濟民接過了促進會的會務工作，同時準備會刊《新夷族》的出版。不過，王年齡較大，覺得學校生活苦悶無味，實在難以堅持，決定輟學返鄉，從事實際工作。他致信弟弟曲木，讓他匯寄旅費，卻遲遲不見回音。愁眉苦臉、焦灼萬分的他，去找嶺光電傾訴，嶺當即把養母給自己的一對金耳墜，兩個金戒指，連同二十五元大洋，一併交給他。王接下時，雙手發抖，眼淚直流，不住地叫：「阿巴，阿巴！」若干年後，他對嶺說：「你那時不過二十一二歲，還帶孩子氣，可敢幹這樣大方、慷慨的事，感銘欽佩之意油然而生，成為我擁戴你的根由。」一向樸素節儉的嶺氏，為何如此慷慨呢？他說：「我認為讓一個彝人流落在外是可恥事，不幫助他走，再住旅館，欠債更多，前途更糟。」[1] 這或許就是仕安先生所講的我不能

1　王濟民：《與奮飛同志書》，載《新夷族》，第 1 卷，第 1 期，1936。溫春來、爾布什哈主編：《嶺光電文集》（下冊），237 頁。

理解的那種情感吧。

　　另一位執行委員安騰飛，染上了鴉片煙，也在這一年返回家鄉貴州。偌大的南京，只剩下嶺光電、王奮飛兩位「夷人」，二人都是潛心學業的學子。奮飛後改名為王桂馥，在抗戰時學軍工，1942 年研製曳光彈成功，朝鮮戰爭初期，又研製出七九式步槍彈。退休後，他研究古彝文，成為該領域的著名專家。

　　西南夷族文化促進會，隨着諸人的離去而名存實亡。兩年後，雲南永勝的高玉柱出現在南京，這位不平凡的「夷族」女子，激活了陷入停頓狀態的促進會。

三、高玉柱（一）

1. 滇西才女　民國新流

　　高玉柱，原名擎宇，號北勝女史，1907 年生於今麗江市永勝縣。高氏堪稱雲貴高原上的一位奇女子，有「滇西才女，民國新流」之譽。她是永北直隸廳北勝土知州高長欽之女，土司苗裔，善於騎馬，精於田獵，讓人聯想到西南非漢族群女子的英姿；她工書、畫，能詩、文，撫琴弄簫，好似一位雅緻的中國古典仕女；她幼年赴法，14 歲回國，畢業於大理女子師範，曾在雲南大學修業，頗具現代知識女性之特徵；她又像一位女俠，偶着男裝，落脫不羈，屢有驚世駭俗之舉，民國十九年（1930），23 歲的她與昔日男性同窗楊庚年「促膝聚首，連日不去」，縱論天下大事；她同時又長袖善舞，打扮時髦，語言流利，出口成章，在繁華的南京、上海口若懸河，從容交接社會各界，應對各路記者，抽着麗美牌香煙，活脫脫一位交際花；她接受

過高等教育，終身未婚，是位很有個性的民國新女性；她當然也美貌，這從雲南省主席龍雲的大公子龍繩武對她的追求即可窺知；而她不惜觸怒龍家，拒絕了龍繩武，更顯示出一種為自由而蔑視權貴的價值追求；最後也最重要的是，她像曲木一樣，懷有將爭取「夷族」政治地位與個人前途相結合的宏偉抱負並且極其善於抓住機會。[1]她灑脫不羈，與許多男性過從甚密，但或許是她的志業以及自由的心境不容於世俗之累，所以似乎從未往婚戀方向考慮過，這從其致好友馮昭的《感詞》中可見一斑：

> ……至於塵戀，早已決絕，簫疏冷漠，自甘寂寞終身。有如百尺喬松，亭亭獨立，一觴一詠，尚能別尋生趣，何肯以汶汶之白，而蒙世之塵垢；拖泥帶水，受一切苦厄。倘不知音，謗也罵也，概不與較。《山海經》曰：「山膏如豚，厥性善罵。」管仲曰：「生我者父母，知我者鮑子也。」蓋知己重於感恩，道義深於臭味。知希之貴賢豪，所謂得一而無恨者，不是知音不與彈，其非之也何足怪。同志者，必不以予言為迂焉。

1　參見《高玉柱喻傑才簡明履歷表》，中國國民黨黨史館藏特種檔案，館藏號：特 26/3.1；《西南夷苗土司民眾代表請願案》（一）之《高玉柱等呈請成為國民參政會參議員》，台灣「國史館」藏檔案，全宗名：行政院，入藏登錄號：014000000345A；周潔波、拓野：《高玉柱逸事》，見中國人民政治協商會議永勝縣委員會文史資料委員會編：《永勝文史資料選輯》第 1 輯，1989；李偉：《高玉柱作品簡介》，見中國人民政治協商會議永勝縣委員會文史資料委員會編：《永勝文史資料選輯》第 5 輯，1995；簡良開編著：《邊屯之光 —— 毛澤東祖先足跡》，358頁，昆明，雲南人民出版社，2011；段定國：《抗日戰爭時期猛弄土司軍事組織情況》，見中國人民政治協商會議雲南省紅河哈尼族彝族自治州委員會文史資料委員會編：《紅河州文史資料選輯》第 5 輯，1985；薛明劍：《夷族「土司」代表高玉柱女士之演講》，載《人報》，1937-02-07。

　　這可以理解為是對追求者的婉拒，但結合她終身未婚的事實來判斷，其間似亦不無心曲流露之意。

　　宏偉的志向並未掩蓋其女兒嬌態，其活潑幽默，亦時有流露。民國某年，其母壽宴，當地文化名流徐冠三在座，她在向徐先生敬酒時出對：

　　　　福德堂上，來一白髮老翁，哈哈笑，笑哈哈，嗨！笑過不了。

徐先生略一沉吟，便即對上：

　　　　元凱庭中，進個紅顏女子，嬌嬌滴，滴嬌嬌，唉！嬌得愛人。[1]

2. 南京請願

　　1936 年 7 月，嶺光電即將從中央軍校畢業之際，遇到了來南京的高玉柱。她的身邊，常常跟着一位西裝革履、戴着眼鏡的儒雅男士 ——喻傑才。傑才字漢三，1903 年出生於雲南麗江縣（今麗江市）七河鄉，按今天的民族分類，他應當屬於納西族。傑才 20 歲時考入雲南陸軍講武堂第十七期炮兵科學習，一年後畢業，1927 年起歷任國民革命軍第三十八軍司令部炮兵營排長、連長、營長等職，達到了他軍旅仕途的頂點，此後便一直落拓不得志了。[2]

1　以上內容參見李偉：《高玉柱作品簡介》，見中國人民政治協商會議永勝縣委員會文史資料委員會編：《永勝文史資料選輯》第 5 輯，40 頁。

2　參見《高玉柱喻傑才簡明履歷表》，中國國民黨黨史館藏特種檔案，館藏號：特 26/3.1；陳子歡編著：《雲南講武堂將帥錄》，248 頁，廣州，廣州出版社，2011；郭大烈主編：《中國少數民族大辭典・納西族卷》，298 頁，南寧，廣西民族出版社，2002。

　　此時的玉柱，並無多少叱咤風雲的社會資源。與執掌雲南軍政大權的龍家在婚事上的齟齬，阻斷了她參與雲南地方政治的前途，也意味着她很難得到滇省政府的支持。雖然是土司之女，但她家的小王朝在 1908 年已被改土歸流，那時她才兩歲。其家族甚至已經被認為是漢人，在 20 世紀 50 年代的民族識別中，被劃為漢族。「她漢語很好，但其實已經不會説本族語言了。她不會，我們這裏姓高的人都不會，早就漢化了。」2018 年，玉柱的族叔高世祥坦言。[1]

　　在 1936 年這個炎熱的夏天，看上去與漢人無異的玉柱，內心深深地蕩漾着非漢族類的身份意識，並且從時局的變化中，敏鋭地感覺到了通過非漢身份獲取政治前途的可能。1934、1935 年間，藉着圍剿紅軍並迫使紅軍長征的機會，蔣介石的中央軍劍指西南，大大加強了對西南地區的控馭，貴州一省更是被納入了中央的直接控制中。對西南滲透的深入，使得中央政府開始直面西南複雜的民族問題，不得不予以重視。1935 年，蔣介石蒞臨貴陽，時有苗民唐明貴上書委員長，要求「解除苗民痛苦，提高苗民文化」，於是蔣介石將此信批交貴州省政府轉教育廳參考，並撥出專款十萬元發展貴州民族教育。在蔣的關注下，省政府令各縣縣長督同教育局局長，將所轄地方的「苗夷」種類、人口數量、學齡兒童、教育程度等，分別調查呈報，並辦了一批專門針對少數民族的師範學校與小學。[2] 中央政府權威的展示，蔣介石對民族問題的親自過問，使得早就關注「夷族」政治地位的高玉柱，敏感地意識到了一個奮鬥的方向。於是與落落不得志的喻傑才

1　高世祥，雲南省麗江市政協副主席，出生於 1963 年，輩分上是高玉柱的叔叔，他家距玉柱家有五六千米。高世祥長期潛心於玉柱的文獻與口碑的蒐集整理工作，訪談過許多接觸過高玉柱的老人。

2　參見張潛華：《西南民族問題》，136~142 頁，重慶，青年書店，1942。

一拍即合，共同奔赴南京，聲稱感於蔣委員長蒞臨滇黔時對「夷苗」民眾的關心，特代表西南土司、「夷苗」民眾前來報答中央的德意，並懇請「解除夷苗人民痛苦，指導夷苗民族各方面之事業」[1]。一位並無多少外在民族特徵並且父輩就已失去土司身份的女子，敢在最高當局之前進行這樣的宣示，其膽識與謀略，令人震驚。多年後，97歲高齡的永勝老人譚碧波稱：「我們家鄉的這個高玉柱，膽子特別大，老蔣、宋美齡她也敢哄，什麼她在雲南是統治者，管多少人，其實都是虛的，但宋美齡相信她，她在南京威風得很！」譚碧波1936年去南京時，在火車上錢包被偷，身無分文的他求助於高玉柱，玉柱為他安排吃、住，並給了他一筆錢。[2]

　　譚碧波老先生的回憶，讓我想到了1937年2月玉柱在上海的一次演講。面對杜月笙等一眾頭面人物，她侃侃而談：「余素習夷苗語，學了兩年漢文，今日因免翻譯麻煩，用國語講話，不達之處，尚祈指教。」[3]在大夏大學的演講完畢，面對着索取簽名的聽眾，她甚至「簽了幾個很希奇的土文」。[4]

　　一位早已「漢化」的女子，刻意製造出自己的「非漢」特徵；一位父輩就已失去權力的土司後裔，要挺身代表西南的土司與民族。等待着她的，會是什麼呢？

　　那時，玉柱常常戴着一頂西洋貴婦人的闊沿帽，一雙大眼睛清澈而活潑，尚未開口，先響起一串銀鈴般的笑聲，臉頰上浮現出一對迷人的笑窩。她開口的第一句話常常是：「我是一個野女孩子，什麼都

1　《西南夷苗民眾代表來京請願經過》，載《新夷族》，第1卷，第2期，1937。
2　來自高世祥先生2009年對譚碧波老先生的口述。
3　《地方協會昨歡迎邊疆來滬士女》，載《申報》，1937-02-05，第22904號，第13版。
4　參見《西南的夷苗狀況：高玉柱女士在大夏大學演講》，載《學校新聞》（大夏大學），第57期，1937。

不懂得的啊！」[1] 態度溫嫻而虔誠，言語熱情而富有感染力。1936 年的夏天，初次與高玉柱相逢，嶺光電可能沒有意識到這樣一位女子能為「夷族」帶來什麼，但他欣然接受了參與請願行動的邀請，並去約王奮飛，也是一拍即合。很自然地，玉柱和傑才成為西南文化促進會的執行委員。四人又聯絡了雲南「苗人」王建明、貴州「苗人」李學高等。玉柱雖是女流，但其身份、才幹與閱歷，使其毫無爭議地成為眾人的領袖。綜合相關史料可知，他們的奮鬥目標，與曲木此前的請願大體一致，卻更為豐富，可歸納為四個方面。

其一，爭取同蒙古族、藏族一樣的地位與待遇。例如，中央特設「夷務機關」（類於蒙藏委員會），在「夷苗」民族中推選國大代表，在南京中央政治學校附設夷苗學校（類於中央政治學校附設蒙藏學校）等。

其二，設立夷務委員會，開發「夷苗」區域的經濟，發展教育、衛生、文化各項事業。

其三，組織「夷苗」。支持、資助「夷苗」建立自己的機構與組織，如西南夷族文化促進會；注重邊地黨務工作，加強對「夷苗」的指導；訓練「夷苗」民族武裝等。

其四，邊地官吏昏庸腐敗，請中央制定邊地官吏任用辦法及賞罰條例。

以上訴求在政治上的理據，是孫中山提出並被蔣介石所繼承的民族主義原則，1924 年 1 月，《中國國民黨第一次全國代表大會宣言》聲明：

1　協和：《活躍在西南戰場的高玉柱女將軍》，載《秋海棠》，第 9 期，1946。

西南沿邊土司「夷苗」民族來京請願團全體代表合影，從右至左依次為王奮飛、
喻傑才、高玉柱、嶺光電（《蒙藏月報》，1936 年第 5 卷第 6 期）

　　國民黨之民族主義，有兩方面之意義：一則中國民族自求解放；二則中國境內各民族一律平等。

同年 4 月，孫中山《國民政府建國大綱》第四條稱：

　　其三為民族。故對於國內之弱小民族，政府當扶植之，使之能自決自治；對於國外之侵略強權，政府當抵禦之⋯⋯

　　紙上的理想與「夷苗」的現實之間顯然有雲泥之別，請願行動在政治上理據充足。他們也提醒中央政府注意，重視「夷苗」不只是政治原則，更關係着整個中華民族的前途與命運。

　　第一，在國防方面，英、法帝國主義侵越南、佔緬甸，與「夷苗」在在接壤，其野心直指西南，其勢力不斷滲透，其策略則為誘惑、策動「夷苗」，如若政府漠然置之，西南安全可虞。「當此國難緊急，西南一隅，在國防上，已成為中國之安歌拉，是開發夷苗，即所以調整西南國防，亦即延續復興中華民族最後之生命線」。

　　第二，在經濟方面，「夷地」物產豐富，土地肥沃，蘊藏甚多，善加開發，可為國家帶來無窮之利。

　　這類觀點，曲木此前也曾表述過，但此次卻是向領袖與中央相關院部正式提出，而且勢易時移，玉柱所主導的行動，較之前更具策略性。

　　首先，在族稱方面，稱「夷苗民族」而不稱「夷族」。一方面因為蔣介石在貴州時接觸的是「苗民」，另一方面這樣可以涵蓋更廣泛的人群，能收壯大聲勢之效。

　　其次，高、喻二人分別自稱為被推舉出來的西南土司代表、「夷苗」民眾代表，強化了他們自身以及此次請願的分量與合法性。

　　再次，指出隱藏的威脅與「雙向確認原則」。一方面強調「夷民無知」，文化低落，思想單純，急需政府提攜；另一方面強調「夷苗」深受帝國主義外患、紅軍「赤禍」、貪官污吏壓榨等種種苦難，亟待政府解救。兩方面結合，在呈現自身的種種可憐情狀的同時，暗含了一種隱約的威脅：如果中央置之不理，落後、單純的「夷苗」極易受誘惑，或心向帝國主義，或接受「赤化」，「無識夷民，惟利是視，遂被麻醉，甘心附逆，不顧大義」。進言之，「夷苗」需要中央來認可自身的政治地位並予以扶植，中央的正統性也可經由「夷苗」的效忠而得到強化，這是一種「雙向確認」[1]，也是曲木在演講中已經表述過的：「滿、蒙、回、藏，都脫離了，我們眼前還不趕緊抓住這一個民族——猓夷民族？」

　　最後，以（西南土司、「夷苗」民眾）代表身份與西南夷族文化促進會的名義，分別向中央政府請願，達至相互聲援、補充的效果。[2]

　　對西南介入的深化，使得中央對當地非漢民族的存在有了深切體會，高、喻等人所描述的西南危機也並非空穴來風。凡此種種，使得包括蔣介石在內的中央高層的態度，較之曲木請願時更為積極。

　　請願伊始，《中央日報》等官方媒體即持續進行正面報道。從1936年6月19日到30日的十餘天時間裏，接待高玉柱、喻傑才等

1　「雙向確認」之說，得到張兆和教授的啟發。

2　以上幾段論述，基於《西南夷族文化促進會請在夷苗民族集中地區設立政治學校分校》（中國第二歷史檔案館藏檔案，全宗號：2，案卷號：2711）、《西南夷族沿邊土司民眾代表請照蒙藏模式待遇苗民訓練民眾施行教育並令川滇長官勿壓迫苗民等文電日報表》（台灣「國史館」藏檔案，全宗名：蔣中正總統文物，入藏登錄號：002000001861A）、《西南夷族沿邊土司民眾推派代表晉京請願呈》（載《新夷族》，第1卷，第1期，1936）、《西南沿邊土司夷苗民眾代表請願意見書》（載《新夷族》，第1卷，第1期，1936）、《西南夷族代表第一次請願補呈意見文（附內政部批）》（載《新夷族》，第1卷，第2期，1937）等史料。

人的中央機構有行政院、教育部、蒙藏委員會、國民黨中央黨部、國民黨中央軍事委員會等，相關官員的表態也頗令人鼓舞。蔣介石通過中央軍事委員會代表告知高、喻二人，他「對於此項問題，頗為重視」。中央民眾動員委員會主任王陸一向來關注西南「夷苗」問題，與曲木藏堯有過較多接觸，他此次除對請願表示同情外，還給予幾位代表用費補助。國民黨中央執行委員會祕書長葉楚傖「對於該代表等遠道來京請願中央之誠意，備極嘉許」，他高度肯定了「夷苗民族問題」的重要性，稱其「與蒙藏問題，同一重要」，「尤在目前之嚴重情形下，中央更為注意」。對於代表所提「夷苗民族本身之教育經濟等事項」，他也表示「中央決盡力促成，俾能享受實益」，「關係黨務政治軍事等項，係政府分內之事，中央當注意辦理」。葉氏最後還代表中央黨部要求中央宣傳部「定期召致新聞界與該代表團晤談」，「勖勉該代表等儘量介紹夷苗狀況，並可發表意見」。最讓高玉柱等人興奮的，當屬 7 月 3 日宋美齡在防空委員會的親自接見，玉柱當面「陳述邊地夷苗情形」，宋美齡「備極嘉許」之餘，邀請她前往由自己擔任校長的國民革命軍遺族女校講演。當天下午，玉柱偕喻傑才夫人前往孔公館再次拜見宋美齡後，即轉赴遺族女校「講演西南夷族風俗習慣」。[1] 演講完畢，宋美齡又邀高玉柱到陵園野餐，合影留念。[2]

　　理想似乎已觸手可及，但觸手之處不過是鏡花水月。彼時的中央政府，淡化民族問題的立場並未改變，「五族」的框架仍然不可突破，熱情的態度只是籠絡西南非漢人群的策略，僵硬的政策並不會因之而軟化。1936 年 8 月 7 日，內政部答覆如下：

1　參見趙崢：《邊地攘奪與「少數民族」的政治建構：以民國時期西康寧屬彝族問題為中心》，44 頁。

2　見《新夷族》第 1 卷第 2 期（收入《中國少數民族舊期刊集成》）的插圖。

　　第一，關於國大代表名額，國大代表「係以省市區為單位，既經法定，無從增加」；

　　第二，比照蒙藏委員會「特設夷務機關」一條，蒙藏委員會之設置源於悠久歷史關係，「夷苗散居各地，與蒙藏情形不同」，應由「各該管轄省政府統籌改進辦法」，不必特設機關，「致涉紛歧」；

　　第三，設立「夷務委員會」之事，內政部稱「開發夷苗一切事項，俟各省統籌辦法後，酌量辦理，目前無設置必要」；

　　第四，組織「夷苗」武裝及開發富源等項，因初步辦法尚無規定，自難置議；

　　第五，為了解「夷苗」情形，從「根本改進夷苗」，應由中央派員，與相關省政府共同開展調查。

　　行政院對以上答覆完全同意，調查一項，蔣介石命令交由中央研究院辦理。[1] 至於玉柱等提出的請中央制定邊地官吏任用辦法及賞罰條例，行政院直接回稱「勿庸置議」，表現出中央處理與地方關係時的小心翼翼。[2]

　　中央予以肯定答覆的，只有兩條。一是比照蒙古族、藏族，規定優待「夷苗」子弟升學問題，行政院明確指出「夷苗」學生可適用《修正待遇蒙藏學生章程》。[3] 另外，對於補助西南夷族文化促進會，內政部認為「自屬可行」，經過相關手續後，中央將「量予補助」。[4]

1　參見《西南夷族代表第一次請願補呈意見文（附內政部批）》，載《新夷族》，第 1 卷，第 2 期，1937。

2　參見《西南夷族代表第二次請願意見文（附行政院批）》，載《新夷族》，第 1 卷，第 2 期，1937。

3　參見《西南夷族文化促進會請在夷苗民族集中地區設立政治學校分校》，中國第二歷史檔案館藏檔案，全宗號：2，案卷號：2711。

4　參見《西南夷族代表第一次請願補呈意見文（附內政部批）》，載《新夷族》，第 1 卷，第 2 期，1937。

來京請願之西南「夷民」代表高玉柱女士（《中華日報新年特刊》，1934 年第 60 頁）

3.《新夷族》

名存實亡的西南夷族文化促進會，在請願中被激活，其會刊《新夷族》順利出版。1936 年 12 月，蒙藏委員會決定，每年補助該刊100 元。[1]

出版會刊，是促進會成立之初就有的設想，大約是經過曲木藏堯的關係，促進會找到了國民政府監察院祕書長王陸一，定刊名為《新夷族》。[2]據估計，若要定期出版不間斷，除需要固定的印刷所或特約印刷局外，尚需十人以上的文字負責人[3]，這超過了當時所有在南京的「夷人」的數量。隨着眾人的相繼離開，孤掌難鳴且潛心學業的嶺光電、王奮飛，自然更無力出版期刊了。

《新夷族》首期刊行於 1936 年 7 月，這顯然與高玉柱的加盟和推動密切相關。創刊號登載了她與喻傑才起草的《西南夷族代表請願意見書》。她還以「北勝女史」之名，撰文介紹了名震西南的明代貴州水西女土司奢香，以及自己的先祖、在平定邊亂中陣亡的北勝女土司高履坤，並引了一首時人的詩，其中有「鐵馬金戈亂如麻，英雄競屬女兒家」之句，頗有自況之意。她又用玉柱的筆名，翻譯了一首歌謠《草野哀思》，譯筆誠摯感人：

> 淒淒芳草兮！
> 我心如刺！
> 棳族頻危兮！

1　參見楊榮良、朱淮寧主編，南京市地方志編纂委員會編：《南京民族宗教志》，107頁，南京，南京出版社，2009。

2　參見曲木倡民：《與奮飛同志書》，載《新夷族》，第 1 卷，第 1 期，1936。

3　參見王奮飛：《與京中諸同志書》，載《新夷族》，第 1 卷，第 1 期，1936。

　　誰其我似？

　　蒼蒼蒸民兮！

　　悲苦流離！

　　流立復轉徙，

　　慘苦怎堪似？

　　古我先祖兮！

　　威聲凜烈，

　　披荊斬棘兮！

　　創立基業。

　　只今獨遺兮！

　　芳草淒淒！

　　淒淒乃芳草！

　　我心欲決裂！

名為翻譯，實則體現出濃厚的創作色彩，對「夷族」狀況的隱喻與折射，顯露無遺。

　　《新夷族》的作者群，以西南「夷人」為主，促進會的執行委員悉數在列，涼山大土司嶺邦正、貴州水西土司的後人安成等也撰寫了文章，此外還有一些「夷族」運動的同情者，如張鐵君、陳之宜以及國民黨中央宣傳部副部長方治等。

　　我所見《新夷族》共兩期，第二期出版於 1937 年 1 月。兩期均載有孫中山的總理遺囑，其中第二期所載遺囑為「夷文」與「苗文」翻譯。所刊諸文章，除「請願」的相關文件外，大都圍繞「夷族」的歷史、現狀、對國家與民族的意義等來展開。歷史方面主要取材於漢文傳統史籍，在王朝歷史的時間軸上展現出「夷族」的狀況，論證「夷族」是中華民族的一分子，同時指出王朝對「夷族」的拋棄；現狀方

面力圖揭示「夷族」的悲慘境遇以及「夷地」所面臨的多重危機；對
國家與民族的意義方面則強調「夷族」在國防以及復興中華民族方面
的重大價值。所有文章相互交織，明確傳達出一個聲音：「夷族」與
國家之間存在着密不可分的相互責任，國家要承認、扶植「夷族」，
「夷族」要為中華民族的救亡圖存與復興貢獻力量。兩期刊物在民族
稱號上存在一個重大差別：在創刊號中，用的是「夷族」，在第二期
中，則大量用「夷苗民族」。這顯然是因為，首期出版於高氏等人到
南京之初，彼時大家還局限在西南夷族文化促進會的框架中，下一期
刊行於 1937 年年初，此時大家用「夷苗民族」來向中央請願已獲得
相當效應，自然不便只強調「夷族」。

當時，蒙藏委員會前任委員長黃慕松、蒙藏委員會現任委員長吳
忠信、國民政府教育部部長王世杰、國民黨中央宣傳部副部長方治、
國民政府參軍處參軍長呂超、陸軍大學教育長楊傑等均為刊物題詞。
在爭取「夷苗」的政治承認方面，高玉柱等人雖然收效甚微，但造就
了聲勢，贏得了不少同情者。[1]

《新夷族》刊物，很快又陷入人員匱乏的境地。1936 年 10 月，
嶺光電從中央軍校畢業，前往重慶工作。次年年初，高玉柱、喻傑才
稱請願事畢，奉中央命令「回南工作」，第一站去了上海。[2]《新夷族》
第一期的編輯者署名為「西南夷族文化促進會總會編輯組」，第二期
的編輯者僅署王奮飛個人之名，無疑事出有因。西南夷族文化促進會
的執行委員們天各一方，各自忙於庶務，接着又是整個國家陷入抗戰
的顛沛流離，《新夷族》的出版工作，戛然而止。

1　以上關於《新夷族》刊物的論述，請參見兩期《新夷族》。

2　參見《高玉柱等呈請扶植西南夷族開發邊區富源》，台灣「中央研究院」近代史研
　　究所檔案館藏檔案，類別：18-24-01-046-01，機關：18-24，宗號：46-(1)。

4. 上海的新星

1937 年 2 月 1 日，高、喻二人抵達上海。玉柱此時並不知道，她即將迎來人生的高峰。不過，我們事後回眸，不難發現各種條件與局勢的因緣聚合：在首都南京已造就了相當聲勢，奉有中央「回南工作」之命，彼時社會各界對西南國防以及整個民族危機的深刻意識，一般人對西南非漢人群的神祕印象，以女土司以及為民族請命的女俠角色置身於上海這座現代中國女權運動的先驅城市，高氏出色的演講才華與社交能力以及良好的形象氣質，等等。凡此種種，可謂天時、地利與人和兼備交織。玉柱很快在這座大都會颳起了一陣旋風，媒體稱其「差不多已經成為舉國皆知和舉國矚目的一位聞人」[1]。她頻繁現身於各種社交場合，並成為焦點人物。媒體對她的關注巨細無遺，連何地燙髮、何時洗澡、何處做套裙都不放過。[2]

玉柱在上海的社交範圍涉及政界、教育界、學術界、婦女界、文藝界、黑社會，等等，與之來往的社會名流包括曾任中華民國內閣總理的唐紹儀與熊希齡、上海市市長吳鐵城、國民黨元老李石曾、著名教育家黃炎培、「海上聞人」杜月笙、京劇大家梅蘭芳、青幫大佬季雲青、「交際博士」黃警頑、光華大學校長張壽鏞、上海社會局局長潘公展、著名畫家沈逸千、上海市婦女協進會主席金光楣、暹羅中華總商會代表許葛汀，等等。[3]

1　《上海市婦女協進會招待高玉柱女士記》，載《婦女月報》，第 3 卷，第 3 期，1937。

2　參見寄洪：《夷族土司高玉柱女士訪問記》，載《婦女生活》，第 4 卷，第 47 期，1937；《高玉柱昨日行蹤》，載《申報》，1937-02-06，第 14 版。

3　參見趙崢：《邊地攘奪與「少數民族」的政治建構：以民國時期西康寧屬彝族問題為中心》，47~48 頁；《西南夷族代表高玉柱女士南返》，載《女鐸》，第 25 卷，第 11 期，1937；《上海市婦女協進會招待高玉柱女士記》，載《婦女月報》，第 3 卷，第 3 期，1937。

「國內瞭望」部分登載的王雲五等招待高玉柱的彩色照片（《東方雜誌》，1937 年
第 34 卷第 9 期）

　　出席活動、參觀各處、發表演講、接受採訪、揮毫留念、召開記者會等，構成玉柱在上海工作的主要內容，僅僅在 4 月的半個月時間內，她就先後在復旦大學、兩江女子體育師範學校、國際及圖書工讀學校、工部局女中、交通大學、滬江大學、大夏大學、中華職業學校、寶山海鄉實驗學校、同濟大學和光華大學等大中學校講演[1]，暨南大學的演講因時間原因被迫推遲。[2]

　　密集的日程安排，使她處於一種極為忙碌的狀態中。1937 年 4 月的一天上午，《青年生活》雜誌記者來訪，茶房叫醒了凌晨二時許才入睡的她，她身穿綠色法國裝，腳着半高跟皮鞋，嫵媚動人地出現在記者面前，態度溫嫻而虔誠；到上午十點，採訪不得不結束，因為中央實業部的職員催着她前往工廠參觀，即將出門之際，又有郵政儲蓄處的客人來訪，只好通知客人下午七時再來。[3] 接受《婦女生活》雜誌女記者採訪時，深夜三點才睡的她，滿臉倦容、聲音沙啞，只能無力地躺在牀上交談。此時，市政府派來的人正在門外等候，接她去上海市中心參觀，當親戚來敲門催促時，她興奮地起身，一邊穿上旗袍，一邊與記者談話，並讓茶房趕緊去給她買麗美牌香煙。[4]

　　以西南土司代表身份來到內地的玉柱，穿着洋溢着大都市的時髦。她原來常着西式服裝，來南京後，婦女界的朋友們送給她旗袍，

1　參見趙崢：《邊地攘奪與「少數民族」的政治建構：以民國時期西康寧屬彝族問題為中心》，48 頁。

2　參見《西南夷族請願代表高玉柱喻傑才定期來校講演》，載《暨南校刊》，第 204 期，1937。

3　參見白朗尼：《夷族土司高玉柱女士訪問記》，載《青年生活》，第 2 卷，第 4 期，1937。

4　參見寄洪：《夷族土司高玉柱女士訪問記》，載《婦女生活》，第 4 卷，第 47 期，1937。

要她體現出中國味道，她欣然接受[1]，旗袍與西服，都成了她的所愛。她面對公眾講話，「情詞懇切，愛國之情，溢於言表，闔座掌聲不絕」；在同濟大學演講時，禮堂擠得水泄不通[2]；在大夏大學演講時，「兩個人擠在一個座位還不夠」，「站滿了許多人還要塞在門外」，演說剛一結束，請求簽名的聽眾立即湧過來將她圍住，只得取消自由提問環節。[3]

玉柱在上海的演講和與記者的談話，延續了此前在南京的一貫策略，在內容上也並無本質差異，通常包括「夷民」之歷史、與王朝之關係、「夷民」之習俗、悲慘的生活狀態以及由此帶來的領土與國防危機、呼籲國家教育「夷民」並發展「夷區」經濟等。

南京請願時，用的民族稱號是「夷苗民族」，但高氏更認同的無疑是「夷族」，這從她的講話中經常略去「苗」即可窺知。當然，她會解釋說「夷族」就是「夷苗民族」，而她對「夷族」的闡述，大體上是基於傳統漢文史籍以及她個人的生活體驗。1937 年 4 月 12 日上午在同濟大學的演講中，她先抱怨五族共和的框架遺漏了「夷族」，接着對「夷族」做了一個界定：

現在我們所講的夷族，是專指西南各省邊區的夷苗同胞而言，這些邊疆同胞，是我國最古老的民族，也就是中原最初的土人，數千年來，同着國內的先進漢族，是有深切的關係，就是與其他的各民族，也有不少的關係……說到西南夷苗的人

1　參見寄洪：《夷族土司高玉柱女士訪問記》，載《婦女生活》，第 4 卷，第 47 期，1937。
2　參見《西南夷族代表高玉柱女士來校演講》，載《同濟旬刊》，第 129 期，1937。
3　參見《西南的夷苗狀況：高玉柱女士在大夏大學演講》，載《學校新聞》（大夏大學），第 57 期，1937。

雲南北勝土司、西南「夷族」沿邊土司代表高玉柱女士（夏曉霞，
《圖畫時報》，1937 年第 1144 號第 1 頁）

口，散佈在滇黔川康各省邊區的統計不下兩千萬。[1]

　　兩千萬這個人口數據，是西南夷族文化促進會創建之初提出來的，顯然並非來源於嚴格的統計調查。這一數據，已遠超蒙古族、藏族、滿族等族人口，要求國家承認「夷族」的政治地位，自然合情合理。

　　玉柱的談話，通過一種悲情的敘述，在向國家表達效忠的同時又暗含某種威脅的意味，她對《婦女生活》的記者說道：

　　　　我們無知的（夷苗）老百姓，真以為外國人待他們好，很自然的歸向他們了。你和他們去講吧：他們根本不懂得什麼叫國家，什麼叫民族，只要有人能給他們點微利，他們不管其用意如何，總認為是好的，而邊疆官吏，對夷民老是一味收［搜］括，使夷民向外的趨向更甚。這實在是個很大的危機，我不願使我們夷族脫離祖國，我不忍讓我無知的民眾做帝國主義者的奴隸，我不能讓祖國失卻屏障，所以老遠地奔到這兒來，請中央援助。[2]

　　在一次演講中，根據與漢人接觸的深淺以及採行漢人生活方式的程度，她將西南「夷苗」分為全開化、半開化、未開化三種，最後者茹毛飲血，過的全是原始人的生活。高玉柱的願景，顯然是整個西南「夷苗」能臻於全開化，「生活情形，和漢人完全相同」，以捍衛邊疆：

1　《西南夷族代表高玉柱女士來校演講》，載《同濟旬刊》，第 129 期，1937。
2　寄洪：《夷族土司高玉柱女士訪問記》，載《婦女生活》，第 4 卷，第 47 期，1937。

　　……倘能以相當資力，去開發開發，那麼要解決整個中國的經濟拮据問題，也綽乎有餘……夷苗地區，是鄰近英法等國的殖民地的。近年來，帝國主義者步步進佔，已經使我國喪失掉班洪、班斧、片馬、江心坡等大好國土啦。倘然再不奮起，圖謀挽救，那麼危機四伏，隨時有做東北第二的可能。[1]

　　高玉柱的演講在眾多聽眾中引發同情與共鳴，光華大學校長張壽鏞聽了她在電台的演講後表示，「足見那二千萬夷族，都是中華民族」，「她的此行，似甚平常，然而她此行的意義，實在關係國家民族前途，非常偉大，足以愧死漢奸，而消滅漢奸」。上海各界「對高女士關懷國家、並銳意謀夷苗生活之改進」極為敬佩，認為她是「邊境不可多得之領袖」，贈送了她大量物品。[2]

　　上海在政治上不可能給「夷族」一個明確的承諾與承認，但在打造聲勢與掀動輿論方面，上海較首都南京有過之而無不及。喻傑才對媒體稱他們在上海的目標之一是「促進國內同胞對苗夷民族深切之注意」[3]，他們顯然已經獲得了成功。

5. 西南邊疆協進會

　　1937 年 2 月 15 日，國民黨第五屆三中全會在南京舉行。高、喻二人推遲了在暨南大學的演講，匆匆離滬進京[4]，通過會議代表、湖南省主席何鍵等代上呈文，向全會請願，內容包括「夷苗」地區的宣

1　省吾：《高玉柱女士演講〈夷苗民族概況〉》，載《職業界》，第 2 期，1937。

2　參見《地方協會昨歡迎邊疆來滬女士》，載《申報》，1937-02-05，第 13 版。

3　《喻傑才抵滬談請願結果圓滿》，載《申報》，1937-03-05，第 10 版。

4　參見《西南夷族請願代表高玉柱喻傑才定期來校講演》，載《同濟旬刊》，第 129 期，1937。

化調查辦法、教育辦法、治理辦法、開發辦法，並請求規定國民大會
「夷苗」代表選舉法，使「夷苗」民族能產生正式代表，享有參與國
家政治的機會，達到平等的原則等。通過他們回滬後對記者的描述，
可以推知中央政府仍然婉拒各項訴求，但用實際行動表達了對「夷苗」
的關注。國民黨中央宣傳部決定派員前往「夷苗」地區調查，同行的
有國際攝影社，擬將邊區「夷苗」景象通過攝影介紹於各地。中宣部
調查團同時還攜帶教育影片若干，其他如蒙藏委員會等機關，亦表示
隨後會派人入滇黔沿邊視察。[1]

　　令人意外的是，高、喻二人在上海並未過多宣傳西南夷族文化
促進會，而是決定在上海另起爐灶，新設機構，促進「苗夷」文化發
展，發行刊物，並在各邊地省份分設機關。[2] 這一決策可謂得失兼備。
其得者，通過新機構的創設過程及成立儀式，可以營造更大的聲勢。
為此，高玉柱採取了一種極其開放的策略。如果說，過去的西南夷族
文化促進會基本局限於「夷人」範圍，那麼新機構則面向所有人。藉
着已在京、滬兩地造就的聲勢，高氏得到了立法院院長孫科，國民黨
中央執行委員方覺慧與賴璉，閩浙監察使丁超五以及上海名流杜月
笙、簡又文、陸丹林等 200 餘人的贊助。她又邀請各界友人共同商
議、發起、建立組織，新組織的籌備委員除高、喻二人外，還包括諸
多社會名流，如：曾任中國佛教會會長與上海商會主席的著名書畫家
王一亭；國民黨中央委員，《晨報》社長，歷任上海市農工商局局長、
社會局局長、教育局局長的潘公展；兩江女子體育專科學校創建人陸

1　參見《喻傑才抵滬談請願結果圓滿》，載《申報》，1937-03-05，第 10 版。
2　參見《喻傑才抵滬談請願結果圓滿》，載《申報》，1937-03-05，第 10 版；《湘
　　主席何鍵電促高玉柱速入湘昨日出席光華演講分謁唐紹儀覃振等》，載《申報》，
　　1937-04-27，第 10 版。

禮華；交際博士黃警頑；曾任上海銀行公會祕書長、上海總商會主席委員、全國商會聯合會主席委員及國民政府財政部次長等職的林康侯，等等。[1] 聲勢之大，非同凡響。

　　其失者，新機構最終命名為「西南邊疆協進會」，「夷苗」色彩被淡化了，只是在「組織緣起」中，提到了「夷族」「夷苗」對於西南國防的重要意義，這或許與並不想給予「夷族」明確政治承認的中央意旨有關。同時，參與者絕大多數為漢人名流，他們從根本上關心的是邊疆問題，雖然「夷苗」是其中的關鍵，但是否要突出其色彩於他們而言並無切身感受。[2] 此外，高氏雖在西南邊疆協進會的 40 餘名發起人中名列第一，但召集人卻是國民黨上海市黨部代表毛雲[3]，顯示出這一機構的某種官方主導性。縱觀整個民國時期的「夷族」運動，頻繁設立各種組織，卻始終未能眾志成城、持之以恆地將一個組織做實並做大做強。這既源於官方的壓制性態度，也凸顯出運動的渙散性以及策略性欠缺。

四、龍雲

　　高玉柱在京、滬的活動，營造出了「夷族」的聲勢，也極大地提升了自己的個人威望，當湘西苗民因屯租問題「醞釀甚烈」之際，

1　參見《喻傑才抵滬談請願結果圓滿》，載《申報》，1937-03-05，第 10 版；《湘主席何鍵電促高玉柱速入湘昨日出席光華演講分謁唐紹儀覃振等》，載《申報》，1937-04-27，第 10 版；《西南邊疆協進會今晚宴新聞界》，載《申報》，1937-05-23，第 10 版；《西南邊疆籌備會昨招待記者》，載《申報》，1937-05-25，第 9 版。

2　參見《泯滅漢苗界限謀組西南邊疆協會擬定組織緣起及組織原則》，載《申報》，1937-05-08，第 12 版。

3　參見《西南邊疆協進會昨開發起人會定今日開首次籌委會即組考察團前往考察》，載《申報》，1937-05-16，第 14 版。

湖南省主席何鍵、省黨部特派員賴璉一再電促高氏赴湘宣慰苗民[1]，而雲南省主席龍雲也對高氏為「夷苗」問題不辭辛勞之舉表示感謝[2]。不過，與這些標誌着高氏聲望的事件接踵而至的，是一次嚴重的信任危機。1937 年 7 月初，就在高氏準備赴湘之際，雲南麗江木里土司駐滇代表李宗伯、芒市安撫使司方克光、遮放土司多英培、展廷土司刀思鴻陞、南甸土司龔綬、隴川土司多永清、德欽土司吉福、德欽千總和榮光、中甸千總劉恩等聯合發電至中央，否認高氏的代表性，他們聲稱：

> 聞京滬各報暨本省各日報登載有高玉柱女士，自稱西南夷族總代表，向各機關請願，各團體接洽，四出奔走，閱之不勝駭異。查高玉柱雖係雲南民族之一，但彼在京滬純係自出行動，並無任何團體舉為代表之事實。倘有推舉代表之必要，亦應先事呈准本省政府及黨部備案，方為有效。用特電呈，以後對高玉柱一切行動，雲南各土司民眾，全不負責，伏維垂察。[3]

這些土司們背後的主謀是誰？有學者稱這次聯名發電是龍雲在暗中指使，其目的乃在於提防中央借「夷族」問題介入雲南事務。[4] 我並未見到與此判斷相應的直接史料，但考慮到龍雲與玉柱的私人恩怨，

1　參見《湘主席何鍵電促高玉柱速入湘昨日出席光華演講分謁唐紹儀覃振等》，載《申報》，1937-04-27，第 10 版。

2　參見《高玉柱等將赴湘推進夷民文化賴璉又來電敦促》，載《申報》，1937-07-04，第 14 版。

3　《滇省各土司否認高玉柱為代表》，載《申報》，1937-07-08，第 10 版。

4　參見趙崢：《邊地攫奪與「少數民族」的政治建構：以民國時期西康寧屬彝族問題為中心》，55 頁。

明裏褒揚、暗中捅刀的可能性確實存在，眾土司電文中的「倘有推舉代表之必要，亦應先事呈准本省政府及黨部備案，方為有效」一句，也暗示着雲南官方的背景。

　　龍雲本人係古侯系「黑夷」，原名納吉呷呷，乳名烏薩，出生於今四川省涼山彝族自治州金陽縣的則祖拉打。金陽以在金沙江之北而得名，烏薩家就在據金沙江十餘千米的山間台地中，到他時已在此定居七代。他的舅舅家在雲南昭通，據說祖上曾當過四川漢源清溪土司。幼時的烏薩在昭通隨舅父讀書習武，跟了舅舅家的漢姓，取名龍雲。十二三歲時，龍雲回到金陽老家，隨父經管家產。1907 年，23歲的他離開家鄉，投奔了駐防滇東北的清軍，後又組織「同志軍」反清，活躍於綏江、筠連等川滇邊境，辛亥革命後進入雲南講武堂學習。他生平最得意之事，是在昆明的擂台上擊敗了英國武士，名不見經傳的他，就在那一瞬間成了萬眾歡呼的英雄。時為 1915 年，他剛從講武堂畢業，任職昭通獨立營中尉排長。近 40 年後，在北京家中，他還對鄉人講述此事，並做比畫，七十高齡猶縱跳如猿，觀者歎服不已。這一戰引起了雲南巡按使唐繼堯的注意，奠定了龍雲的成功之路。1928 年，在川、滇眾多「夷族」頭人的支持下，他打敗了滇省胡若愚部、張汝驥部，出任雲南省政府主席，時年 44 歲。[1]

　　1947 年，嶺光電到南京，特地拜訪龍雲，說他「戴一副墨鏡，個子沒我高，是一個高鼻梁、皮膚黑的人，一望而知是個夷人。說話愛提高嗓子」。此時的龍雲，已被蔣介石授予四星上將虛銜，實則處於軟禁之中。儘管是初次見面，但龍雲極為親切熱情，二人暢敘達兩

1　參見趙樂群、付開林：《龍雲及其家族和涼山的關係》，見中國人民政治協商會議涼山彝族自治州委員會文史資料委員會編：《涼山彝族自治州文史資料選輯》第 2 輯，1984。

小時之久。其間，他多次提及「我們夷人」。當他從嶺氏口中知悉涼山土司「黑夷」的情況時，歎息道，「民族落後、內部相殘、外受欺壓」，似後悔在雲南手握大權時沒為涼山做點工作。他很真誠地對嶺氏的發展提出建議，並特別欣賞嶺氏所熱心的民族教育事業，感歎說：「我們民族就是因為沒有文化知識，事事不如人。要想趕上別人，非重視文化教育不可。」他又提及，自己主政雲南時，想送槍彈給寧屬的鄧秀廷，後沒有送成。嶺氏告知鄧是專殺「夷人」的魔頭時，他大吃一驚，忙問：「他不是夷族嗎？」得到否定的答案後，他感歎：「啊，我原以為他是夷族，幾乎誤事！」嶺離開南京之際，再次前往拜訪，龍留他在家吃便飯，同桌的有其夫人及幾位子女。[1]

龍對嶺的親切，源於他自然而深厚的「夷族」意識，他年輕時就走過不少「夷區」，知道自己的同族分佈在川、滇、黔等省，並對他們懷有一種情感。李仕安先生告訴我，龍雲年輕時去過雷波縣，拜訪了其父親與三叔，其三叔是武秀才，能騎善射，與龍雲甚為相得。1948年，李先生參與的「涼山夷族觀光團」到南京，特地去看龍雲，坐了約半個小時，吃了茶點就走了。第二天，李先生又獨自登門拜訪，正是五月天氣，龍雲穿着一件中式汗褂就接見了他，談到李先生的三叔，他說：「喲，你三爸，我們天天騎馬，他那時是一二十歲。」李先生又說：「龍雲絕不會說他是漢人，他跟盧漢、隴體要等夷人都很親。」

不過，龍雲雖然大權在握，但身處政壇，不但要顧忌主流意識形態，更要提防張揚族類身份可能帶來的統治危機。當年群雄逐鹿雲南，他的對手曾以「吃雞不吃蛋，殺彝不殺漢」的口號來打擊他。[2]

1　參見溫春來、爾布什哈主編：《嶺光電文集》（下冊），394~397頁。
2　參見張朋園訪問，鄭麗榕紀錄：《「雲南王」龍雲之子口述歷史》，88頁，北京，九州出版社，2011。

當他在一眾「夷人」將領支持下一統雲南之後，又被譏為部落蠻王，搞土司政治，弄得不少雲南的「夷人」學生，不敢公開自己的族類身份。[1] 面對如此形勢，龍雲將深植於心的「夷族」情懷刻意淡化，與其他「夷人」上層之間，意會於心，但絕不形之於外。曾任國民革命軍陸軍中將的雲南昭通縣（今昭通市）彝族人安恩溥回憶了當時雲南政壇的情況：

> 具體點說在鄉雖不認識，出來以後，無論見過面與否，只要知道某人是彝族，就自動地背下互相支持。如安恩溥、隴體要等，在家鄉時與龍雲、盧漢互不相識。安恩溥、隴體要等到省以後，龍雲、盧漢對之都有指導照顧。安恩溥考進講武堂時，龍雲在唐繼堯部任茨飛軍大隊長，主張免去實兵指揮的考試，安恩溥帶兵指揮能力太差，若考試肯定失敗，但安恩溥並沒有請託過龍雲。安恩溥等也隨時隨地為龍雲、盧漢隱惡揚善，作辯護宣傳工作，成了未受委託的得力宣傳員。這也可以說有意識的形成了初期的彝族宗派集團。
>
> 到龍雲統治雲南後，各有統治地位，有職位關係，也不敢公開地有什麼集團組織，互相支援、援引；都是各以意會投機取巧地進行，彝族關係的作用，還諱莫如深。在這當中又有一個共同的思想，羨慕回族有禮拜寺，苗族近年也有禮拜堂，能公開集會，就是他們有伊斯蘭教，耶穌教為憑藉，彝族就是無所憑藉，不能組織集會，這種思想，有機會時也分別的談論着，龍雲和安恩溥等就談論過。

---

1 參見曲木藏堯：《從西北問題之嚴重談到西南國防》，載《西北問題》，第 1 卷，第 4 期，1935。

　　這是 1961 年的回憶，當時民族識別工作已大致完成，所以安恩溥用的是「彝族」而非「夷族」。在同一篇文章中，他還提到，1927年，在龍雲身邊的陸亞夫、盧永祥、祿國藩、余祥炘、盧玉書等人，探討了「夷族」的族稱及其歷史與文明，力圖為「夷族」建構一個可以產生凝聚力的內核：

　　　　彝族是莊蹻以前來自楚國的竹王之裔。相傳楚國有女浴於沅水，見一竹筒浮於水上，有五音之聲，泅攜上岸，剖而視之，係一男孩，遂立志終身不嫁，撫養此孩。到了成人，力大無窮，率眾略得苗人先據有之黔地（貴州），進而佔領滇地（雲南），稱竹王，臣服於周。其後代與中原信使往還，至漢不絕。相傳班固、班昭、班超等，皆竹王裔又回中原之後人。今滇東北苗人尚有暗語稱彝人為老漢人，意即後來侵略我們的是漢人，先來侵略我們的是彝人。

　　　　彝人自稱為「溜叟」。後來一般人和漢人稱彝人為爨人，係以彝人習用鼎炊為食，象徵的稱呼。到了晉朝封爨人之首為爨王。夷人之稱，係歷代王朝歧視的稱謂。但後來彝人之懂漢字者強為解釋，大人背弓為夷，是尚武，於是也就安於夷人自稱。相傳彝文是與倉頡同時之佉盧所造。倉頡造字直書右行，流行於黃河流域。佉盧造字直書左行，流傳於長江流域。單字很多，比漢文難學，但以司祭祀的比穆、巫師等為世襲專業者必學。統治階級之黑彝尚學。所以到滿清道光、咸、同時，業祭祀、業巫師之彝人，都憑彝書（佉盧扎數）等書為彝族服務。黑彝中之上層，也尚有通達彝書的。彝書多係抄錄本（曾見於「盧舍」「行苴」兩家），後來還在石林旁的一老人處見，未見印刷本。書分三類：1. 歷史；2. 禮儀；3. 超薦、祭鬼。

清末時，後一類時有所見，前二類為稀有難見了。

歷數「建子」，陰曆十月初一過年，每年節日，多同於周政。婚喪冠祭，近於周俗。婚嫁納采、納聘、親迎的儀式，多似《儀禮》所載。人死點主，彝語「匹乃」用竹片書主裝入小竹筒（意即竹王由竹筒中來，竹王之裔死後應歸回竹筒中去），用綿羊毛塞口角裝入內有包茅的小竹簍，同代的由左至右依次裝為一簍，供於房後祠內台板上。台板分兩台，每台供五代，第一代居中，下四代左昭右穆的安放，下台五代屆滿時，舉行大祭，名為「補待」。大祭用牲，依階級，「苴穆」（管理者之首）用「呂那」（全黑的牛）；「叟苴」（管理者，次於苴穆）用「呂那來補鄒」（花頭黑牛）；一般用羊，頭數有差等，起碼兩隻。大祭後，將第一台前五代之竹簍送置於深山大箐人跡不到之懸崖絕壁上，將下一台後五代升為上一台，下一台又安放新五代……

經過這場討論，大家達成共識：第一，本族有自己的悠久歷史和文化，不能妄自菲薄，不必外求；第二，竹王是彝族的始祖，佉盧是彝族的先師，崇始祖、尊先師是彝族的傳統。據此，他們決定組織「竹王會」「佉盧學會」，找能識本族文字與典籍的人來研究佉盧文學。大家一邊尋找教師，一邊介紹會員，輪流在陸亞夫、安恩溥家聚會，打算等組織相當成熟後，再告訴龍雲。工作正在進行中時，風聞龍雲的師長張鳳春反對此事並抱怨龍雲，活動就中止了。後來貴州「夷人」安觀清、安伯英、安克庚、楊伯瑤、楊砥中等受到省主席周西成的壓迫，逃到昆明，又激活了這個組織，範圍還擴大到有傣族人李呈祥、刀有良參加。而原來的創始人盧玉書等反而冷淡了。後來楊砥中聯合嶺光電以及貴州苗族人梁聚五，將此組織改稱「苗夷民族促進會」，以幫助競選國大代表，安恩溥認為楊砥中狂妄冒失，擔心弄出事來，

也拒絕參加了。[1]

這些身處政界的「夷族」精英，夾在本族意識與國家意識形態、現實利益之間，彷徨搖擺，其身份意識隱而不彰。龍雲也因之無法成為「夷族」運動的領袖。不過，他對高玉柱的杯葛，絕不是出於對爭取「夷族」政治承認的拒絕，而是出於對主其事者的反感以及未經自己允准的惱怒。又有傳聞說，龍雲曾咨文湘省主席何鍵，稱高玉柱「假名撞騙」[2]，以此離間她與何鍵之關係，不知真假。

永勝的父老們相傳，當年龍雲知道高玉柱秀外慧中，才、貌俱佳，想聘為兒媳，又擔心事不成有損顏面。於是他託言永勝有匪，親率一營人馬前往進剿，見了玉柱，甚為滿意。他的大公子龍繩武也去了，但玉柱卻嫌其粗俗。一日，二人遊覽觀音箐，玉柱突然口出上聯：「觀音箐，慶觀音，觀山觀水觀世音。」龍公子張口結舌，無法作對，玉柱等待良久，見其不知所措，隨口吟出：「龍王廟，妙龍王，龍子龍孫龍父王。」繩武自慚形穢，不久就率兵回昆明去了。

五、高玉柱（二）

1. 奉命回南

雲南土司的異議，對春風得意、正入佳境的高玉柱造成了極大傷害。她很快回應稱，自己赴南京確有廣泛代表性，有沿邊 21 位土司

1　參見安恩溥：《我所了解的彝族上層人物》，見雲南省政協文史委員會編：《雲南文史集粹》第 9 卷，2~4 頁，昆明，雲南人民出版社，2004。為閱讀方便，我對引文做了分段，並為個別長句加了標點。

2　敢心：《高玉柱被囚禁眼淚汪汪》，載《秋海棠》，第 7 期，1946。

的簽名蓋章為證，惟因西南地域廣闊，土司散居各處，情形複雜，不可能做到所有土司一一簽名；而李宗伯乃木里土司，本屬四川管轄，何以不駐成都而駐昆明，以此質疑其代表雲南發聲的合法性，並暗示其中可能潛藏的陰謀。高玉柱又稱自己早已將赴南京請願的情形分別具呈滇、川、黔、康、湘諸省黨部鑒核，「並蒙貴州、湖南、四川諸省府指令覆飭核準在案」，說明自己並未拋開地方政府而行動。[1] 最後，玉柱表態，請中央收回成命，「以重功令」。中央最終沒有因異議而改變決定，仍然要高氏等「趕速回南」開展「夷苗宣化調查」各事。[2] 按高氏所呈，西南各省黨部中，雲南未有回覆核准，由此可窺知她與雲南官方的緊張關係。

　　高玉柱面臨合法性風波之際，七七事變爆發，國家危亡迫在眉睫，她所掀起的「夷族」旋風也很快在危機中平息消歇。1937 年 10 月，慘烈的「淞滬戰役」正處於白熱化狀態，她冒險離開戰區，與喻傑才淒淒就道，前往西南。所有中央發給的宣傳品及各界贈送之禮物乃至各種公私行李，在連天戰火中均無法運送，只能放棄。二人先受湖南省主席何鍵之邀前往湘西「苗區」，「夷人」的身份對苗族首領顯然有一種親切感與親和力，何鍵因此邀請他們入湘，幫助排解一場箭在弦上的苗民動亂。結束後又派車送他們西去貴州，道經沅陵、新晃時，均有苗族代表前來晤談，陳述所受苦難，並希望他們能深入湘西

1　參見《西南夷族沿邊土司代表對請願事發表宣言期精誠團結捍衛邊疆函請願土司查詢原委》，載《申報》，1937-07-11，第 14 版。

2　參見《高玉柱等呈請扶植西南夷族開發邊區富源》，台灣「中央研究院」近代史研究所檔案館藏檔案，類別：18-24-01-046-01，機關：18-24，宗號：46-(1)；《西南夷苗土司民眾代表請願案》（一）之《高玉柱等呈報設立西南夷苗土司民眾代表聯合駐京辦事處》，台灣「國史館」藏檔案，全宗名：行政院，入藏登錄號：014000000345A。

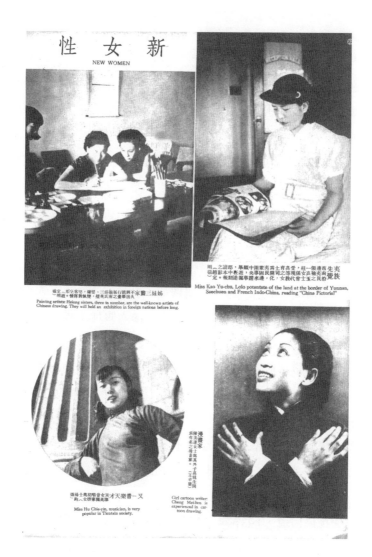

新女性、「夷族」先覺、西南沿邊「夷民」領袖之一高玉柱女士，
係曾受現代高等教育之女土司，為開化「夷民」（《中華（上海）》，
1937 年第 51 期第 61 頁）

腹地宣化調查。這顯示出，在京、滬的活動極大地提高了玉柱在西南非漢人群中的聲望。

　　進入黔境，坐上貴州省政府派來的車，前往貴陽，高玉柱和喻傑才的聲望沿着旅途而展現。「各處夷苗領袖與青年學生」在貴陽熱烈歡迎他們，學生們大都是「各地最優秀之覺悟分子」，懷抱着深切的國家民族觀念。徵詢各方意見後，依據地方情形，玉柱擬具在黔工作計劃，分別呈請貴州省黨部、政府鑒核，請求補助必要經費並請派員指導，黔省方面以正值省政府主席新舊交替，新主席尚未蒞任為由，予以擱置。

　　在貴州，高、喻二人將工作區域劃分為滇川康邊區與滇川黔邊區。前者包括滇西北、川南與西康南部，沿金沙江而下，大、小涼山之間為「純夷族區域」，由高玉柱負責，深入腹地工作，並相機聯絡西南沿邊各地；後者即滇川黔邊境，「漢夷苗雜處」，情形異常複雜，由喻氏負責聯絡當地「夷苗」青年。二人分頭行動，並將中央頒發的「西南夷苗調查表冊」印送各處，促使工作範圍「推廣及於湘西桂邊夷苗地帶」。[1]

　　多年後，一些回憶揭示了當年高、喻二人工作的若干片斷。1936年前後，中共貴州地下黨已非常注重在少數民族中發展力量，並於1938年成立了「苗夷委員會」。委員會的核心成員之一、貴陽北衙寨的苗民唐植民回憶，1937年（疑為1938年之誤）他見到了來黔的高玉柱，一共260餘名少數民族，在貴陽甲秀樓對面的西湖飯店聚會，討論少數民族所受的苦難以及抗日救亡等問題。唐植民聲稱自己當時

1　以上三段敍述參見《高玉柱等呈請扶植西南夷族開發邊區富源》，台灣「中央研究院」近代史研究所檔案館藏檔案，類別：18-24-01-046-01，機關：18-24，宗號：46-(1)。

還為大家介紹了蘇聯的情況，認為中國只能走十月革命的道路。[1] 這一次會面，或許就是高玉柱向中央匯報的「各處夷苗領袖與青年學生」在貴陽熱烈歡迎他們的事件。不過，沒有任何證據顯示，高玉柱有與中共聯繫的傾向，終其一生，她走的都是緊跟國民黨中央的路線。

這一路線，既是主動選擇，也是不得已之舉。不過，在中央缺乏足夠權威與凝聚力的中華民國，自上而下的策略也意味着麻煩的不可避免。地方政府對他們宣傳、調查、組織「夷苗」的行為疑忌重重。高、喻二人深知，西南非漢人群必須向政府彰顯在抗戰救國中的實力與潛力，才能提升自身的地位。1938 年 2 月，二人呈文中央，聲稱西南邊區「夷苗」抗戰情殷，現有「人槍十萬餘」，自願參戰者有三萬餘人，請派員組織、訓練。這一招棋，亦虛亦實：數字不大可能基於翔實調查，但以西南非漢人群之眾以及當時武力自保之風，十萬條槍之說也不能簡單視為信口雌黃；二人當做過一些小範圍的初步動員，但三萬人請戰云云，未必已落到實處，不過，政府若真大力組織，似亦不無可能。這一呈文虛虛實實，說真亦可，說假亦可，端賴地方政府如何配合。[2]

中央接到呈文後，深表讚許。不過，各相關部院在表達肯定之餘，無從直接入手該計劃，還得要地方先行查核。此時，高、喻尚未意識到，一場危機已迫在眉睫。1938 年 6 月，喻傑才聯合阿弼魯德等 40 多位黔省「夷苗」精英，向貴州省黨部呈請設立「貴州邊疆民族文化協會」。省黨部一面虛與委蛇地表示「發起組織民族文化協會，

1　參見唐植民：《黨指引我走上革命道路》，見中共貴陽市委黨史研究室編：《永恆的記憶》，23~25 頁，貴陽，貴州人民出版社，2011。

2　參見《西南夷族沿邊土司民眾代表喻傑才等呈為西南邊疆夷苗民眾抗戰情殷懇請簡派大員前來組織訓練》，中國第二歷史檔案館藏檔案，全宗號：12(6)，案卷號：10165。

促進夷苗文化，激發其愛國情緒，共同努力救亡工作，意義至善，殊堪嘉許」，一面又稱「此種組織，事屬創舉，尚須呈請中央核示」，將皮球踢給了國民黨中央社會部。[1] 就在同一時期，貴州方面獲悉高、喻建議中央組織「夷苗」武裝抗戰的呈文，於是立即致電國民政府軍事委員會委員長重慶行營，稱人槍十萬餘、三萬人請戰云云純屬捏造，指控喻傑才等「假名招搖」，並以「擅假名義、斂賜惑眾」之名，令保安處將喻傑才「看管研訊」。所謂「擅假名義」者，當係指他們打着西南「夷苗」土司民眾代表的招牌並聲稱奉中央之命開展工作；所謂「斂賜惑眾」者，應指他們動員、組織非漢人群並籌措物資與經費。中央方面似乎也覺得事情棘手，1938 年 6 月 20 日，當中央社會部接到喻傑才請求設立貴州邊疆民族文化協會的報告後，次日即表示喻傑才等人數年來的工作毫無成績，「並經指控假名招搖有案」，其時想發起新的組織，應由「當地黨部妥慎」辦理，將皮球又踢了回去。

　　山重水複、舉步維艱之際，二人急於向中央覆命並匯報工作，同時，也想在抗戰局勢中尋覓提高「夷苗」地位的新機會。[2] 於是，草草結束在西南的活動後，他們前往陪都重慶。一年前曾熱情擁抱他們的中央與主流輿論，這次會繼續笑臉相迎嗎？

　　抗戰方殷，時局動盪，值此家國危急之秋，在這些年輕「夷苗」領袖的眼前，似乎浮現出又一個各種條件因緣聚合、「夷苗」問題或

1　《西南夷族代表喻傑才等呈請設立邊疆民族文化協會》，中國第二歷史檔案館藏檔案，全宗號：11，案卷號：7141。

2　以上幾段敘述參見《西南夷族代表喻傑才等呈請設立邊疆民族文化協會》，中國第二歷史檔案館藏檔案，全宗號：11，案卷號：7141；《高玉柱等呈請扶植西南夷族開發邊區富源》，台灣「中央研究院」近代史研究所檔案館藏檔案，類別：18-24-01-046-01，機關：18-24，宗號：46-(1)；《西南夷苗土司民眾代表請願案》（一）之《高玉柱等呈報設立西南夷苗土司民眾代表聯合駐京辦事處》，台灣「國史館」藏檔案，全宗名：行政院，入藏登錄號：014000000345A。

可更上層樓的局勢：中央政府播遷重慶，西南一隅關係着國家存亡，在數千年歷史上，「夷苗」第一次與中央近在咫尺，「夷苗」地區對國家的意義前所未有。懷抱着共同理想的許多「夷苗」精英，不斷湧向重慶，在此時的重慶，西南少數民族群英薈萃，極一時之盛。重慶小梁子新川飯店 401 號成為他們的大本營，也是他們的臨時通訊處。

2. 再次請願

1938 年，剛剛到達重慶的「夷苗」精英們，滿懷着希望，制訂了一系列行動計劃。自 9 月 22 日起至 11 月 14 日止，在不到兩個月的時間內，他們或聯合，或分頭，迭次向國民黨總裁蔣介石、國民黨副總裁汪精衞、國民政府主席林森、中央軍事委員會、中央執行委員會、中央黨部、中央宣傳部、行政院、內政部、蒙藏委員會等請願。先後署名的「夷苗」精英計有世襲雲南北勝土司、西南「夷族」沿邊土司代表高玉柱，西南「夷族」請願代表喻傑才，四川土司代表嶺光電，寧屬邊民代表曲木藏堯，寧屬「夷族」代表王濟民，前貴州水西土司、滇川黔三省邊區土司「夷苗」代表安慶吾，前貴州且蘭土司、滇川黔三省邊區土司「夷苗」代表楊砥中，前雲南芒部土司隴甫臣，前貴州延昌土司安亮清，滇川黔邊區苗民代表王漢瑛等，共計 100 多人，掀起了一次前所未有的請願高潮。

請願主要有如下幾波。

第一，高玉柱、喻傑才等呈送一年來工作報告書請中央鑒核，並就西南「夷苗」請纓抗戰與開發問題請示具體方針。在報告中，他們提出：中央與地方均有設立「夷苗」專管機關之必要，或將蒙藏委員會擴大為「蒙藏夷苗委員會」，或竟改稱邊政院，各省特設「夷苗事務處」以專責成。

第二，滇川黔三省邊區「夷苗」土司民眾推派代表安慶吾、楊砥中等請纓抗戰。

第三，川滇黔邊「夷苗」土司代表安慶吾、楊砥中等呈為代表民意請纓抗戰，並陳述邊民痛苦，懇請改善邊區政治，注重「夷苗」教化，儘量扶助開發。

第四，寧屬邊民代表嶺光電、曲木藏堯以及土司嶺邦正等數十人聯合推派中央軍校成都分校邊民教育隊隊長王濟民為寧屬「夷族」代表向中央請願。

第五，寧屬「夷族」代表王濟民呈報被推派前來向中央請纓抗戰並歷陳開發邊區意見。

第六，高玉柱，喻傑才，王濟民，嶺光電，安慶吾，楊砥中，王漢瑛暨廣西、湖南「夷苗」代表等呈請，比照西藏、蒙古，設立「西南夷苗土司民眾代表聯合駐京辦事處」。辦事處設常駐代表 3~7 人、處長 1 人、副處長 1 人、祕書 1 人，下設三個科與圖書室，各科設科長 1 人、辦事人員若干人，圖書室設主任 1 人、辦事人員若干人。首期推舉的常駐代表為楊砥中、王濟民、安慶吾、王漢瑛。

第七，喻傑才、安慶吾、楊砥中、王濟民、嶺光電、王漢瑛等籲請高玉柱代表全體「夷苗」土司，成為國民參政會參議員。[1]

七七事變後，曲木奉命到北平、天津開展敵後工作，出生入死，於次年 9 月脫險，抵武漢覆命。人既不在重慶，可能也礙於自己的身

1　以上幾段敍述參見《西南夷苗土司民眾代表請願案》（一）之《高玉柱等呈報設立西南夷苗土司民眾代表聯合駐京辦事處》，台灣「國史館」藏檔案，全宗名：行政院，入藏登錄號：014000000345A；《高玉柱等呈請指示今後工作方針暨請呈院准其設立西南夷苗土司民眾代表駐京辦事處並陳述夷苗困苦情形及開發邊區意見》，中國第二歷史檔案館藏檔案，全宗號：12(6)，案卷號：10165。

西南夷苗土司民眾代表聯合駐京辦事處鈐印

份，他並未參與這一波請願。[1]

這一系列活動，明確指向「夷苗」的政治承認，在抗日救亡的特殊時期，「夷苗」真的會迎來發展的千載良機嗎？事後回眸，我們看到的景象截然相反。與中央近在咫尺，卻也意味着咫尺天涯，玉柱等人與自己的願景漸行漸遠。並不是年輕的「夷苗領袖」在政治上天真幼稚，而是在他們所處的位置上，實難識微見幾。塵埃落定之後，我們利用後見之明，才能對當時的局勢洞若觀火。

日本吞併中國之策略，以軍事侵略為主，思想分化為輔。對少數民族，日本致力於挑動其對國家的離心傾向，再對其予以控制，凡建立偽滿政權，策動內蒙古獨立，倡亂新疆種種，皆屬此類。[2] 中央對此風聲鶴唳，貫徹同化思想的意志更為堅定，政策更為積極，稍有「民族意識」的苗頭出現，則盡力扼殺之。其高潮出現於 1939 年 8 月，行政院發佈訓令，禁止各機關、部門「沿用苗夷蠻猺猓玀等稱謂」，所有西南邊地少數民族，只能以地域區分，稱為「某地人」，「以期泯除界限，團結整個中華民族」。同時，出於學術研究目的而沿用傳統稱謂的，必須將原來的蟲、獸、鳥等偏旁，改從「亻」旁（如將猓改為倮），一些根據少數民族生活習慣而加之的不良形容詞，如「豬屎犵狫」等，概予廢止。中央研究院據此訓令而編制了《改進西南少數民族命名表》[3]。許多高官與學者，為強調中華民族的統一特質，甚至

1　參見張篤倫：《彝族革命先進 ── 曲木藏堯》，載《西康青年半月刊》，第 2 卷，第 4 期，1940；曲木藏堯：《平津歸來回憶》，載《寧遠報》，1940-07。

2　參見金則人：《第一期抗戰的經驗與教訓》，見中國社會科學院近代史研究所、中國人民抗日戰爭史學會編：《抗日戰爭史料叢編》第 1 輯第 56 冊，北京，國家圖書館出版社，2014。

3　《改進西南少數民族命名表》，台灣「中央研究院」近代史研究所檔案館藏檔案，類別：20-08-039-13。

否定「少數民族」這一概念在中國的合理性。與此相應，行政院明確
規定，非漢人群應統稱為「邊民」「邊胞」。[1] 到 1943 年，以蔣介石名
義出版的《中國之命運》一書[2]，乾脆連「民族」一詞都取消了，取
而代之者為「宗族」，強調中國境內各宗族在歷史上與現實中血脈
相連，姻戚相通，命運與共，你中有我、我中有你，形成一個統一
的中華民族。

　　在此背景下，儘管高玉柱等強調「夷苗民族」一詞「決不致影響
民族之分化」，但中央的態度卻冷若冰霜，各機關、部委中，只有中
央宣傳部稱「事關團結民族，抗戰建國，頗屬重要」，其餘大都託詞
事不關己，不肯表態。最後，行政院對請願事項幾乎悉數拒絕，其批
駁理由無非是「夷苗雜居各省大山，無分畛域，與蒙藏情形不同」，
「與組織條例不符」云云。而中央軍事委員會亦表示這些報告與呈文
「悉數空洞，無可採取」，甚至拒絕了高玉柱赴漢口叩見蔣介石的請
求。稍稍有點積極意味的表態，只是由行政院命令川、滇、黔、粵、
桂、湘數省省政府並西康建省委員會，須對民族事務格外注意，慎重
遴選邊地官吏，積極融洽各族情感，各該管專員、縣長要隨時宣慰各
族，各省呈薦邊地官員時，「應特別敍明其辦理夷苗事務之經歷」。[3] 而
經濟部則制定了一系列調查表格，咨請雲、貴、川、湘幾省及西康調

1　參見楊思機：《民國時期「邊疆民族」概念的生成與運用》，載《中山大學學報（社
　　會科學版）》，2012(6)。

2　蔣介石：《中國之命運》，重慶，中正書局，1943。

3　參見《西南夷苗土司民眾代表請願案》（一）之《高玉柱等呈報設立西南夷苗土司民
　　眾代表聯合駐京辦事處》，台灣「國史館」藏檔案，全宗名：行政院，入藏登錄號：
　　014000000345A；《高玉柱等呈請指示今後工作方針暨呈院准其設立西南夷苗土
　　司民眾代表駐京辦事處並陳述夷苗困苦情形及開發邊區意見》，中國第二歷史檔案
　　館藏檔案，全宗號：12(6)，案卷號：10165。

查「苗夷」地帶的物產、生產狀況。[1]

3. 西南夷苗民族解放大同盟

　　中央的笑臉還恍如昨日，轉眼間卻已是冷若冰霜。寒意並未凍結「夷族」精英們的行動，「西南邊疆民族文化經濟協進會」已在籌劃之中。該會以奉行三民主義與抗戰建國綱領、促進西南邊疆民族生活文化發展、開發經濟、貢獻國家為宗旨，設總會於重慶，西南各省成立分支會，邊疆各地設立辦事處，其定位是一個人民團體。發起者共 55 人，除了高玉柱、喻傑才、嶺光電、楊砥中、安慶吾等人外，還有陶行知、沈鈞儒、陳之宜等眾多漢族賢達，國民黨中央執行委員會社會部的官員胡星伯也赫然在列。胡氏乃貴州安順人，可能對西南「夷苗」有較多同情。1938 年 12 月，發起組織協進會的呈文送達社會部，胡星伯即簽稱該會屬學術團體性質，要善為監視而誘導之，使其不致越出軌外，如善用其力量，於國家前途，實有裨益。國民黨中央黨務委員會委員李中襄同意胡的看法，但協進會名稱中的「民族」二字顯然刺痛了他敏感的神經，他批示：其一，將「西南邊疆民族文化經濟協進會」更名為「西南邊疆文化經濟協進會」；其二，由社會部負責人員介紹高玉柱加入國民黨；其三，由社會部派人指導該組織。[2]

　　國民黨的許多上層人士，對「夷苗」精英的行動始終懷有疑慮，1938 年 12 月 15 日，當高玉柱、喻傑才拜訪馮玉祥，請求協助時，

1　參見《高玉柱等呈請扶植西南夷族開發邊區富源》，台灣「中央研究院」近代史研究所檔案館藏檔案，類別：18-24-01-046-01，機關：18-24，宗號：46-(1)。

2　參見《高玉新等呈報發起組織西南邊疆文化經濟協進會及社會部胡星伯等簽呈》，見中國第二歷史檔案館編：《中華民國史檔案資料彙編》第 5 輯第 2 編，南京，江蘇古籍出版社，1997。

馮氏告知:「事情好辦,及有手續,胡來是不行的,盼二位多多酌斟之。」[1] 警示的意味相當強烈。

遵循中央指示、亦步亦趨意味着一事無成,高玉柱等人絕不願意如此循規蹈矩,一個明顯逾矩的大膽舉動在慢慢醞釀。1939 年春,得到國民政府軍事委員會的首肯,高玉柱、喻傑才前往貴州省畢節縣(今畢節市),在珠市街和祥旅舍設立招生辦事處,負責組織、保送一批「夷苗」學生到四川綦江戰幹團學習,畢業後參加抗日救亡工作。二人在貴州錄取了 100 多人,大定縣人金國光名列其中。大家翻山越嶺,步行十餘日,抵達綦江縣受訓。原本學制為兩年,但戰爭期間的人員傷亡太大,訓練時間縮短為一年。這些學生,成為玉柱等人發起新運動的重要基礎。為此,他們積極活動,爭取這些學生畢業後都統一回黔工作,避免被分配到其他戰區。1940 年,高玉柱、喻傑才、楊砥中、阿弼魯德等發起組織「西南夷苗民族解放大同盟」,當年秋天,高、喻二人再次來到畢節,在縣城召開了一個邊疆同胞會議,要金國光通知原戰幹團分散在貴州的「夷苗」同學和其他「夷苗」知識分子參加,人數越多越好。最後到會的戰幹團同學有 30 多人。會議提出了四大方案:政治建設方面,要求民族平等,設立專管「夷苗」民族事務的組織機構;軍事建設方面,要求組建「夷苗」民族軍隊,參加抗日救國鬥爭;經濟建設方面,要求開發地方資源,發展邊疆經濟,改善「夷苗」民族生活;文化建設方面,要求開辦邊疆民族教育,傳播文化知識,培養地方人才。經過一周的討論,與會者熱情高漲,對四大方案深表贊同。在畢節縣紫銅閣廟內,由喻傑才帶領,舉行了加入西南夷苗民族解放大同盟的宣誓儀式。

---

1 馮玉祥著,中國第二歷史檔案館編:《馮玉祥日記》第 2 冊,560 頁,南京,江蘇古籍出版社,1992。

　　會議決定，大同盟的成員，要在「夷苗」民眾中大力宣傳抗日救國，宣傳四大方案，發展和壯大同盟組織，還要深入滇黔邊境各縣，籌建自願兵團，隨時準備開赴邊疆，抗日殺敵。金國光、顏光榮與羅敏忠三人組成一個小組，負責貴州方面的事務，他們印製了一大批四大方案，在水城、納雍、織金、鎮寧等縣工作，發展了數百人。[1]

　　抗戰方殷，氣氛緊張，政府對擅自建立組織之事相當警惕。為達成統一意志、集中力量的目的，蔣介石甚至於 1938 年通令全國取消一切小組織，成立由他親任團長的三民主義青年團。大同盟未經政府允准而行動，結局可知。1940 年 7 月，水城土司組織「貴州苗族青年獨立師」的消息被密報給了國民政府軍事委員會。[2] 1941 年夏天，大同盟所組織起來的自願兵團，被貴州省政府以「夷苗民眾組織暴動」為名，下令取締，一些領導成員遭到通緝甚至殺害。[3]

　　大同盟遭受迫害之際，玉柱與傑才已經離開貴州，安然無恙。

4. 玉殞滇邊

　　數年來，玉柱一直希望中央委派專員，組織工作團遠赴西南邊疆，深入「夷苗」區域開展宣傳調查，展現中央德意。在 1938 年的那一波請願行動中，他們將這一設想上呈中央。內政部就此密呈行政

1　以上敍述參見金國光：《略憶參加「西南夷苗民族解放大同盟」前後》，見中國人民政治協商會議貴州省大方縣委員會文史資料研究委員會編：《大方縣文史資料選輯》第 5 輯，1989。

2　參見《水城土司組織貴州苗族青年獨立師》，台灣「國史館」藏檔案，入藏登錄號：002000002460A。

3　參見金國光：《略憶參加「西南夷苗民族解放大同盟」前後》，見中國人民政治協商會議貴州省大方縣委員會文史資料研究委員會編：《大方縣文史資料選輯》第 5 輯。

院，建議此事「暫從緩議」。[1]1940 年 9 月，日本入侵中南半島，法越殖民當局屈服，日軍進入越南紅河以北地區，迫近了雲南，中國西南邊地的情形更趨危急。同年 11 月 8 日，玉柱與傑才呈文蔣介石稱，他們擬返回自己的原防地，一方面整率部屬抗擊敵人，另一方面慰問土司邊民以穩定人心，激發同仇敵愾之氣。這些行動需要中央授權並支持，二人就此草擬了具體的宣慰辦法，呈請中央鑒核。此外，他們再次要求在土司「夷苗」中遴選國大代表，並請指定玉柱、傑才二人為第二屆國民參政會參政員。[2]西南邊疆情形日趨嚴重，最高當局勢必不能置之不理，參政員一事雖然不了了之，但宣慰西南的夢想終於成真。大約在 1941 年 8 月，中央決定組織「國民政府軍事委員會委員長昆明行營邊疆宣慰團」，命令高玉柱、喻傑才分任少將團長、上校副團長。二人遂於 9 月 1 日租定昆明市北後街三十六號民房成立了臨時辦事處。[3]此時，日本已加大了對泰國的滲透與控制，泰國飛機越過邊境，到雲南的猛醒、猛捧一帶偵察，西南邊地的危機進一步深化。為懷柔土司邊民，防止「敵泰煽動」，玉柱決定率團深入緊鄰日本人勢力範圍的滇南邊地，前往董干、麻栗坡、仁和、馬關、金平、江城、鎮越、猛臘、六順、車里、佛海、南嶠、五福、猛龍、瀾滄、

1　參見《西南夷族沿邊土司民眾代表喻傑才等呈為西南邊疆夷苗民眾抗戰情殷懇請派大員前來組織訓練》，中國第二歷史檔案館藏檔案，全宗號：12(6)，案卷號：10165。

2　參見《高玉柱喻傑才上蔣總裁呈》，中國國民黨黨史館藏特種檔案，館藏號：特26/3.12，26/3.11。

3　參見《振濟委員會電覆成立軍事委員會委員長昆明行營邊疆宣慰團事宜》，中國第二歷史檔案館藏振濟委員會檔案，全宗號：116，案卷號：828。

思茅、滄源等地開展工作。[1] 一行 50 餘人，於 1942 年 6 月底到達雲南蒙自縣逢春嶺，對稿吾土司展開宣慰，歷時 4 天。7 月 2 日到達納更，納更土司龍健乾率領頭目、里長、民鎮代表、鎮公所職員、納更小學全體教師與學生以及抗日第一游擊支隊司令部全體官佐、第一大隊一中隊全體官兵等 400 餘人，手持彩旗，在土司衙署外的大路上列隊歡迎，高唱抗日救亡歌曲。7 月 5 日晚舉行歡迎大會，玉柱代表國民黨中央講話，講畢，全體起立，熱烈鼓掌。是日晚舉行宴會，玉柱逐桌敬酒，殷切致謝。[2]

離開納更，宣慰團前往元陽縣新街，一場聲勢更為浩大的宣傳宣慰大會在此召開，出席會議的有猛龍土司白日新、永樂土司普國泰、思陀土司李呈祥、瓦渣土司錢禎祥、六村土司孫宗禮、納更土司龍健乾、猛拉土司刀家柱、者米土司王純安、五畝土司陶文貴、五邦土司刀玉光、宗瓦土司普國棟、馬龍土司李錦廉、宗哈土司白繼光等。高玉柱號召各土司團結抗日，出兵出錢，維護治安。[3]

此番宣慰，功德圓滿。9 月 28 日，由納更土司龍健乾領銜，普國泰等共 16 位土司致電中央，稱感於高玉柱率團「冒瘴長征」，慰問邊民，當率領所部，保衛邊疆，擁戴政府。眾土司還共同募集國幣十萬元捐獻中央，並繼續向各自所屬民眾募捐，還表示要派代表晉京，

1　參見昆明師專課題組：《20 世紀前期國民政府對雲南少數民族調查的研究》，見昆明市社會科學界聯合會編：《昆明市 2004 年年度社科規劃課題成果選》（下），245 頁，昆明，雲南科技出版社，2006。

2　參見《納更司土巡檢》，見中國人民政治協商會議雲南省元陽縣委員會文史資料委員會編：《元陽縣文史資料》第 1 輯，1992。

3　參見雲南省元陽縣志編纂委員會編纂：《元陽縣志》，11~12 頁，貴陽，貴州民族出版社，1990。

「烽火點將錄」：《活躍在西南戰場的高玉柱女將軍》（《秋海棠》，1946 年第 9 期）

「向中樞致敬」，申「報國赤忱」。[1]

　　成功與風光，難掩背後的捉襟見肘與心力交瘁。雲南省主席龍雲表面上支持宣慰工作，在日軍大舉進攻滇西，不斷轟炸昆明各地的緊張時刻，他曾派軍隊迎接、護送宣慰團。[2] 但他對高氏的成見始終難以冰釋，對發動「夷苗」的工作更是心存疑慮，在其暗中操縱下，昆明行營在經費方面對宣慰團設置重重障礙，一行人跋山涉水，風餐露宿，溫飽不敷。前路漫漫，前途茫茫，團員們情緒低落，紛紛提出離去。面對人心動搖，高、喻二人坐臥不安，卻也無可奈何，惟有盡力慰勉，要求大家同舟共濟，以待柳暗花明。一些來自貴州的團員為避免挽留，索性不辭而別。[3] 有資料說，高玉柱宣慰滇南的結果，是「讓一批人順利地做了幾趟大煙生意」[4]，如果所述屬實且高、喻捲入其中，我們也很難認定這全屬自利行為，其中含有籌措經費的公心當是持平之論。

　　誰也意料不到，高玉柱的生命很快便終結於宣慰途中。跋山涉水於滇南暑濕之中，櫛風沐雨之勞使體弱者易於受煙瘴之侵，她應該是感染了某種病菌，在缺醫少藥的邊陲地區不幸而成為致命之疾。在納更，她突然病倒，臥牀不起，只能由副團長喻傑才率隊前往新街繼續工作。[5] 新街在今元陽縣，她後來也抱病抵達這裏，展開了上文所述的大規模宣慰活動。據說，她曾在病中創作山水畫《晚霞圖》一幅，

1　參見姜明清編：《捐獻史料》（上冊），123~126 頁，台北，台灣「國史館」，1993。

2　參見郭大烈主編：《中國少數民族大辭典・納西族卷》，298 頁。

3　參見金國光：《略憶參加「西南夷苗民族解放大同盟」前後》，見中國人民政治協商會議貴州省大方縣委員會文史資料研究委員會編：《大方縣文史資料選輯》第 5 輯。

4　江應梁：《請確定西南邊疆政策》，載《邊政公論》，第 7 卷，第 1 期，1948。

5　參見《納更司土巡檢》，見中國人民政治協商會議雲南省元陽縣委員會文史資料委員會編：《元陽縣文史資料》第 1 輯。

寄回故鄉永勝，圖為夕陽西下之勢，觀者以為不祥。不久，她就病逝
了，享年 36 歲。[1] 時為 1942 年 9 月 20 日凌晨 1 點，地點在位於中越
邊境的金平縣。中央社於 5 日後發佈了消息，《新華日報》次日予以
轉載，標題為《夷族女傑高玉柱病逝》[2]。消息傳到昆明後，雲南省政
府命令副團長喻傑才扶柩回永勝公葬，時稱「國葬」。由於時局混亂，
經濟困難，一副巨大的木棺停放在縣城高門外蕭公祠，三年後才草草
安葬在壺山之下。[3] 高氏歿後四年，喻傑才亦病逝於昆明陸軍醫院。[4]

六、楊砥中

　　通過數年的行動，高玉柱已成為當然的「夷苗民族」代言人，其
聲望無人可比。她的香消玉殞，可謂「夷族」運動的一個巨大損失。
尤令人扼腕者，曲木藏堯在 1940 年被一個小軍閥鄧秀廷毒死於越
西。不過，我們事後觀之，玉柱也好，曲木也好，在國家既定民族原
則所限定的舞台上，不管他們如何長袖善舞，所能發揮的空間都極為
有限。就此而言，他們個人的生命長短，對整個局勢並無決定意義。
這樣判斷的依據還有，玉柱與曲木的西去，並不意味着「夷族」運動
的絕響，西南「夷族」精英中，不乏像他們一樣善於審時度勢、積極

1　參見李偉：《高玉柱作品簡介》，見中國人民政治協商會議永勝縣委員會文史資料委
　　員會編：《永勝文史資料選輯》，第 5 輯。該文稱高玉柱於 1942 年年底創作《晚霞
　　圖》，恐有誤，因為此時高氏已經去世。

2　《夷族女傑高玉柱病逝》，載《新華日報》，民國三十一年九月二十六日，第 2 版。

3　參見李偉：《難忘的記憶．抗日女將軍高玉柱》，見中國人民政治協商會議雲南省委
　　員會文史資料委員會編：《雲南文史資料選輯》第 50 輯，1997。

4　參見陳予歡編著：《雲南講武堂將帥錄》，248 頁。

而為之人。前賢既逝，後者就成了「夷族運動」的中心人物。楊砥中，就是其中一位。

1. 雞鳴三省之地

楊砥中的大名，我幼時即聽外公許明九先生提起過。明九先生字崇，1920 年出生於畢節縣橋溝，他那個時代，在畢節乃至川、滇、黔界鄰地區，楊砥中之名可謂家喻戶曉，中華人民共和國成立後的一些革命材料稱其為「（川滇黔）三邊一霸」。[1] 砥中出生於 1911 年，按今天的民族劃分，他屬於彝族。其父楊懷遠，號建侯，住在今貴州省大方縣中箐村，而砥中的家業，則主要在畢節縣林口鎮。[2] 林口「一雞啼叫，三省皆聞」，赤水河在此奔騰而過，流向長江。

砥中的祖先乃明代大名鼎鼎的奢氏土司（永寧宣撫使），屬四川布政司管轄。天啟年間，奢氏與更為著名的貴州水西土司安氏聯手反明，此即震動朝野的「奢安之亂」。反叛終告失敗，奢氏領地被改土歸流。然而改流無法徹底顛覆舊秩序，原在土司政權中擁有權勢的土目階層仍然存在，他們在很大程度上依舊享有地方社會的實際控制權。[3] 奢氏的一些後裔，相繼改名為余、楊、祿等漢姓，分居在赤水河兩岸。楊砥中的祖上，牢牢控制着畢節縣林口、大定縣中箐等處的大片土地，土司之名雖已不存，但他們仍然是令人敬畏的土目。在畢節縣，土目們擁有的土地，被稱為「夷屯」，其餘土地則被稱為「軍

1　參見《川滇黔邊游擊縱隊鎮雄母享游擊隊》，見鎮雄縣黨史徵集研究室編：《紅旗捲起農奴戟》，1991 年內部發行本。

2　參見吉開將人：「楊砥中と民國晚期の西南中國 ── 忘れられた西南民族の『領袖』」，載《北大史學》第 57 號，2017 年 12 月。

3　參見溫春來：《從「異域」到「舊疆」：宋至清貴州西北部地區的制度、開發與認同》，156~216 頁。

屯」——這顯然緣於畢節縣的前身係衛所。2018 年 10 月 3 日，我在細雨濛濛的林口登高四望，順着老人們手指的方向，直看到座座山峰相接之處，我被告知，這些都曾經是「夷屯」。「夷屯也是要交皇糧的，我們替他們背到燕子口等地方去交，官家（即土目）會賞我們一頓飯。」老人們說。砥中這一代與時俱進，不再滿足於只做雄踞鄉里的「夷屯」主人，而憑藉出色的活動能力振興了祖上的榮光。

砥中行七，現在林口那些八九十歲的老人家還記得，當時砥中不過而立之年，但他們都叫他「楊七爺」，叫他的太太「楊七奶」，這樣的稱呼顯然是緣於其地位。私下裏，他們也叫他「楊七麻子」。砥中的大哥名伯瑤，是黃埔軍校一期學生，參加過討伐陳炯明的東征以及北伐戰爭，迎接過長征到貴州的紅軍並收留紅軍傷員，1949 年又協助中國人民解放軍進軍貴州，被毛澤東親自任命為貴州省人民政府委員，並當選為全國人大代表。砥中的二哥名仲瑤，曾出資在家鄉的沔漁河上修建三孔石橋 —— 加嘎橋，橋至今尚存且可通汽車，又在橋附近修了一座宏偉的新莊亭，亭子的石基高達 3.7 米。林口的父老回憶，楊伯瑤為人和藹，沒有架子，砥中則要威嚴一些了。不過，老人們說，即便 1949 年後楊砥中留在林口，也不大可能被鎮壓，因為他對人還是挺不錯的。林口有的小地主被處死，有的大地主反而沒這麼慘，這都緣於平時為人好壞的差別。[1]

2007 年 11 月，在雅安，李仕安先生告訴我，1947 年，他在重慶，想競選立法委員，《新華時報》社長談榮章之妻薛樹華建議他搞

1　我在林口訪問的老人主要有文林珍（漢族，1930 年生）、陳昌福（彝族，1939 年生）、文權安（漢族，1951 年生），三位老人均係在林口出生並一直居住在林口。關於楊伯瑤的生平，主要參考了唐光啟主編：《七星關區史志人物選》，436~437 頁，北京，方志出版社，2018。

一場記者招待會，並説可以把重慶各大報社都叫來。李先生從未應付過這種場合，有點發怵。剛好他新認識了楊砥中，二人雖然還不熟，但楊一口應承，「算我的」，幫助李先生在國際飯店成功舉辦了記者會，並承擔了所有費用。「這種場面楊砥中是搞慣了的，我還不行。」那時砥中在重慶開了家和豐銀行[1]，他用車接李先生去他位於重慶南溫泉的家，住得相當豪華。1948年，國大召開，西康「夷族」組團去南京觀光國大，由楊砥中當交際，李先生説：「本來是想讓我做交際，但我推給了楊砥中，他在南京住得久，各部門他都熟，辦個手續、做個什麼都好打招呼。」

　　李先生説得沒錯。砥中雖然其貌不揚，但社會活動能力超乎尋常！這是一位非常自信的人，繼承了祖上的大片土地而能繼續開拓，在商界展示着出色的經營才華，積極接近政界權貴又能鼓動下層民眾，對本民族文字、本民族經典、漢文史籍以及西南民族史有相當程度的了解乃至研究，中央軍校的學習又使他可以跟上現代教育的步伐。他精力充沛，活力四射，個性極為鮮明，優缺點一體兩面：為人慷慨豪邁而又高調張揚，膽大勇敢而又常冒失逾矩，多謀而又流於狡黠，能從容於任何大場面而又好出風頭。國民政府文官處對他的評價是：

　　　　聰明健壯（有麻子），詭覺機警，善言辯（好誇談），有膽識（近似流氓）。先世為西南大土司，有名望，家產素豐，可資運用，自幼即在漢人地區生活，對於中央地方各種情弊好尚

1　李先生所説關於楊砥中在重慶開和豐銀行之事，可與一些資料相印證，參見姜建清主編：《近代中國銀行業機構人名大辭典》，147頁，上海，上海古籍出版社，2014。

相當了解，故常聯絡土民在地方滋事，自己從中乘機取巧，曾在祿國藩部下任過軍官，與雲南軍方面稍有聯繫（同屬苗夷），為土著中之狡點分子。[1]

2. 在貴州

高玉柱在京、滬一帶指點江山之際，砥中正擔任着貴州大定五屬（畢節縣、大定縣、水城縣、威寧縣、黔西縣）農會的指導員[2]，風起雲湧的「夷族」運動震動着他，激發起他人生的又一個奮鬥方向。

1938 年赴渝請願時，楊砥中已決定以重慶作為自己事業的所在地，眾人也已推舉他為西南夷苗土司民眾代表聯合駐京辦事處的四名常駐代表之一，但請願行動失敗，使他暫時看不到留在重慶的價值與意義。此後，他一面與高玉柱等人在渝組織成立西南邊疆民族文化經濟協進會，一面將活動的重心轉移到了貴州。在黔省，除與玉柱等發起明顯逾矩的西南夷苗民族解放大同盟外，他又於 1939 年向貴州省政府呈請組織貴州邊區文化經濟協進會。他強調，「夷苗」人口數千萬，綿亘數千里，但數千年來未經開發，「遂至交通梗阻，感情隔膜，邊區文化既極形低落，邊民生活尤倍感痛苦」，加以語言不同、習俗各異以及民族歧視，外國人乘機窺伺邊地，這樣，「不特減少完整之國力，亦即當前亟須解決之一問題」。值此抗戰建國之非常時期，「西南邊區夷苗同胞對於國家民族實應貢獻人力財力以盡其應盡

1　《國民政府文官處人事調查表：楊砥中》，台灣「國史館」藏檔案，全宗名：軍事委員會侍從室，卷名：楊砥中，入藏登錄號：129000051237A。

2　參見吉開將人：「楊砥中と民國晚期の西南中國 —— 忘れられた西南民族の『領袖』」，載《北大史學》第 57 號，2017 年 12 月。

北肇山莊（彝族土司莊園）主人、中華民國第一屆國
民代表大會代表、愛國民主人士楊砥中

之責任」，希望能夠聯絡社會上先進人士與「夷苗」中優秀分子，「在鈞部領導之下精誠團結共赴國難」。[1]

儘管政府並未核准成立西南夷苗土司民眾代表聯合駐京辦事處，但自 1938 年請願之後，砥中即以「西南土司夷苗民眾駐京代表」自居。1940 年 10 月，他再次向內政部呈文，要求為西南夷苗土司民眾代表聯合駐京辦事處備案，並稱過去曾向各機關具文備案，但各重要公文在天池八十三號被炸毀。民政部民政司批稱，所謂曾向中央備案云云，毫無根據，「跡近招搖」。[2]

此後數年，在當時的文獻中我很少發現他參與社會活動的記載，一些文史資料彌補了這一空白。有回憶說，當共產黨領導的游擊隊在川滇黔邊區活動時，蔣介石於 1940 年 10 月在重慶召見楊砥中，親賜他「忠孝傳家運，華國可長春」的字匾，封他為川滇黔邊區的「土司民眾代表」「剿匪司令」，並發給他一些武器，讓他全權負責川滇黔邊的剿匪任務。自重慶返鄉後，各處土司和周邊頭目都爭着拜見他，他四處游説，招兵買馬，僅一兩個月，就組織起武裝七八百人。1940 年 11 月，游擊隊突襲林口，雙方在箱子口一帶交火，最後講和收兵。[3]

蔣介石接見楊砥中的時間當為 1940 年 9 月下旬而非 10 月[4]，但蔣絕不可能封他為「土司民眾代表」。事實上，所有「夷苗」代表都是

1　轉引自張久瑛：《民國年間的「邊胞」改造運動與「苗夷」精英的民族建構活動》，見《張振珮先生誕辰一百周年紀念文集》編輯委員會編：《張振珮先生誕辰一百周年紀念文集》，228 頁，貴陽，貴州人民出版社，2011。

2　參見《民政部批覆楊砥中設立西南夷苗土司民眾代表駐京辦事處》，中國第二歷史檔案館藏檔案，全宗號：12(6)，案卷號：10165。

3　參見中共畢節地委黨史研究室、中共畢節市委黨史研究室編：《烏蒙磅礴 —— 紅軍長征在畢節》，108~109 頁，1996。

4　參見《土司楊砥中謁蔣委員長》，載《新華日報》，1940-09-24，第 2 版。

自稱，無一是官方正式賜封。請願或晉見時，向高層表示自己是受土司與民眾推舉的代表以證明合法性，而只要中央方面沒有公開質疑，返鄉時，則稱得到中央的認可以自重，這種策略，砥中並不陌生。與眾不同的是，他有將此玩到極致的野心、財力與能力。1945 年，他建立起「西南邊疆土司民眾駐京代表駐渝辦事處」的系統，總部在重慶，下設雲南、貴州、西康、四川、湘西、桂西、粵西、思普區、滇南區、滇東區、滇西區、黔西區、黔東區、黔南區、會理區、雅安區、川南區共 17 個通訊處。聲勢如此浩大，從雲南、貴州到中央都坐不住了，一致認定其為非法組織，並將位於重慶民權路的駐渝辦事處封閉，貴州省政府還稱他與「著匪」唐遜虞祕密來往。[1] 不過，砥中並未徹底放棄，1947 年，李仕安先生在重慶初識砥中，只見他的汽車上醒目地貼着「西南夷族土司邊疆民眾駐京總代表」。

　　鄉居林口的楊砥中，行跡遍於川滇黔三省邊區。1941 年，在雲南昭通縣，經由妻弟 —— 昭通彝族知名人士隴體芳的介紹，他認識了明誠中學教導主任朱煥章。當時朱正致力於在貴州威寧縣苗族聚居地石門坎辦一所初級中學，苦於資金匱乏，砥中當即表示支持。當年 6 月，他親抵石門坎考察，參加了石門坎教會和學校舉辦的端午節運動會，目睹了運動會的盛況以及當地百姓求學的熱情。回昭通後，他便出面組織貴州、雲南的一些彝人上層成立籌辦中學的董事會，親任董事會會長，並定下章程。董事會、教會各承擔辦學經費的三分之一，另外三分之一由學費收入和苗族群眾的募捐填補。1943 年 9 月，學校正式開學，首屆招生 86 名，楊砥中親臨開學典禮，鄭重宣佈「西南邊疆私立石門坎初級中學」成立。此後他不定期巡視學校，

1　參見《黔民楊砥中擅設辦事處》，台灣「國史館」藏檔案，全宗名：行政院／內政／邊政及蒙藏。

給予經費資助。學生逐漸發展到 200 多名，來自雲貴二省的彝良、大關、鎮雄、鹽津、永善、威寧、赫章、織金、普定、安順、紫雲、水城、祿勸、楚雄等十多個縣區。

1945 年 8 月，抗戰勝利，楊砥中的活動重心再次轉移至重慶。他一走，學校立即面臨經費困難，勉強支撐、艱難度日。[1]

大概就在鄉居期間，砥中修建了名聞一方的北肇山莊。30 來歲時，砥中娶了雲南昭通梭嘎地方著名的彝族隴家的女兒隴體智，婚禮在林口舉行。婚後，他就將家搬到了都里嘎 —— 位於今天的林口坪壩村。砥中擁有都里嘎的大片土地，當時土匪橫行，租種楊家土地的七戶村民就在一座易守難攻的山崗頂上修了一處碉樓以躲避匪禍。砥中來了後，將碉樓借用，並在碉樓的周邊修起了幾排建築，包括兵房、倉庫、客房、炮樓等，使之成為一處著名的莊園。莊園有朝門三道，大朝門上橫幅陰刻楷書「北肇山莊」。1962 年，莊園被摧毀，但孩子們還經常跑到遺址那裏玩，並稱這座小山崗為「碉包包」，常常呼朋喚友說「去碉上玩」。隨着歲月的流逝，碉包包不管對大人還是對孩子都失去了吸引力。2018 年 10 月 3 日，幾位當地父老帶着我踏勘此地，當時秋寒初至，天空飄着濛濛細雨，我們無路可上，只有揮舞着鐮刀披荊斬棘地攀爬上去。到了碉上，荒草叢雜，野花盛開，幾處石材掩映在碧草之中，觸目四望，環繞着山崗的是一些不太寬敞的平野，再遠處就是綿延的群山。站在崗上可以俯視西面的一塊平地，

1　以上關於辦學的敍述，參見朱玉芳：《私立石門坎初級中學的創建》，見東旻、朱群慧主編：《貴州石門坎：開創中國近現代民族教育之先河》，北京，中國文史出版社，2006。

據説那是砥中的練兵場，再過去就到雲南了。[1]

3. 制憲國大

　　鄉居期間，楊砥中一直關注着重慶。1944 年 10 月，他與龍雲的公子龍繩祖、安文石、隴應葵等幾位「夷族」精英作為主要股東，在重慶下半城望龍門創辦了和豐銀行，由他出任總經理一職。[2] 到重慶後，砥中積極活動，於 1945 年 1 月 22 日獲得蔣介石的接見。他向蔣匯報了四年來剿匪、保送 240 餘名邊疆學生到軍校受訓、在滇緬滇越邊境宣揚中央德意、調解邊民械鬥、創辦西南邊疆私立石門坎初級中學、暗助涼山土司安良臣保護美國空軍人員安全出境等事，並表示：邊疆工作為自己終生之職志，今後當盡最大之努力，以達成國家之期望。蔣對他慰勉有加。[3]1945 年 8 月，日本無條件投降，由楊砥中領銜，滇、黔、川、康各省的一眾土司聲稱代表西南非漢民族，致電國民政府主席蔣中正祝捷。[4]

　　1946 年，國民政府召開國大，制定憲法，人稱制憲國大。憑藉自己的業績與活動能力，楊砥中順利當選為貴州省國大代表。國大召

1　關於北肇山莊，主要根據我的實地踏勘以及文林珍、陳昌福、文權友幾位老人的口述，也參考了周習、周遵鵬、趙敏編著：《紅色七星關》，77~78 頁，中國人民政治協商會議畢節市七星關區委員會印，2018。

2　參見楊耀健：《土司夫人戴瓊英》，見中國人民政治協商會議重慶市渝中區委員會文史資料委員會編：《重慶市渝中區文史資料》第 16 輯，2006；姜建清主編：《近代中國銀行業機構人名大辭典》，147 頁；雲南省檔案館主編：《雲南省檔案館指南》，186~187 頁，北京，中國檔案出版社，1997。

3　參見《西南邊政楊砥中》，台灣「國史館」藏檔案，入藏登錄號：001000005068A；中華民國史事紀要編輯委員會編：《中華民國史事紀要》（1945年 1-4 月），259~260 頁，台北，中央文物供應社，1986。

4　參見周勇主編：《西南抗戰史》，287 頁，重慶，重慶出版社，2013。

開期間，他口若懸河，指點江山，鋒芒畢露，在為西南非漢人群爭
取到一些政治權利的同時，也因過於強勁的風頭而葬送了自己的政
治前途。

　　根據孫中山的建國大綱，中華民國須按照軍政、訓政、憲政三個
階段來完成建國。北伐功成，東北易幟，國民政府於 1929 年宣佈軍
政時期結束，啟動了為期 7 年的訓政程序。孰料日本全面侵華，訓政
到憲政的過渡被迫中止。國民政府於 1936 年 5 月 5 日推出的《中華
民國憲法草案》（俗稱「五五憲草」），也因之遲遲未能召開國民大會
來予以審議通過，這一耽擱就是十年之久。抗戰結束，國大召開，核
心議題就是審訂「五五憲草」。對西南非漢人群而言，這是一個爭取
政治地位的絕佳時機。自曲木藏堯肇開風氣，15 年來，眾多「夷苗」
精英屢敗屢戰，迭次折戟沉沙，此番如能在憲法中加入相關條文，
即可一勞永逸地實現多年拚搏的目標。早在 1945 年年初晉見蔣介石
時，砥中就表達了一個核心訴求：懇請在主席所指派的國大代表 240
名總額內，確定 20 名為西南邊疆土司「夷苗」代表，內政部以國大
代表向以就地競選為原則而拒絕。[1]同年 12 月，他又要求參加「政治
協商會議」，同樣未獲批准。不過，抗戰勝利後，對日本分化的擔憂
已不復存在，國民政府在民族政策上有所鬆動。1946 年「制憲國大」
即將召開之際，國民政府頒佈了《國民大會代表選舉補充條例》，增
加了雲、貴、川、康、桂、湘代表 10 名，要求在各省「土族民族」
中產生[2]，砥中藉此當選國大代表。到了國大就有發聲機會，他躍躍欲

1　參見《西南邊政楊砥中》，台灣「國史館」藏檔案，入藏登錄號：001000005068A。
2　參見黃西武：《南京國民政府時期少數民族參加國家代議機構問題研究》，74~75
　　頁，博士學位論文，中央民族大學，2011；吉開將人：「楊砥中と民國晚期の西南
　　中國 —— 忘れられた西南民族の『領袖』」，載《北大史學》第 57 號，2017 年
　　12 月。

試，決心奮力一搏。

　　砥中有他無法逾越的天花板。雖然民族政策已有所鬆動，但強調中華民族的統一性，注重融多元為一體的原則並未發生根本改變，「夷苗」作為一個民族的合法性與合理性，仍未得到主流社會的認真對待。雖然西南非漢人群在風俗、語言、習慣上的獨特性顯而易見，但政府並不想給予任何細分，而是將他們概稱為「土著民族」[1]，顯示出在理想與現實之間的一種折中。對此遊戲規則，砥中惟有遵循。他的目標，是爭取憲法明文規定土著民族在國大、立法院、監察院、國大主席團、地方權力機關等方面均能有一席之地。

　　1946 年提交國大審議之憲法草案（以下簡稱「憲草」），已在「五五憲草」的基礎上有所修訂，但對西南土著民族仍然隻字未提。為此，由楊砥中領銜，聯合代表 20 人提出了第 59 號提案，所持理據為：

　　首先，根據三民主義之民族主義，「要使家族與宗族團結，擴大至為國族」。為此，對於西南土著民族，必須在憲法上有明確之規定，予以實惠之平等，方不負孫中山「對於弱小民族要扶持之」之意旨。

　　其次，建國大綱第四條規定，「其三為民族，對於國內弱小民族當扶植之，使之能自決自治」。此次之憲法，乃根據三民主義與建國大綱之原則而制定，所以土著民族要求，在憲法上將此條訂成明文。

　　再次，憲草總綱第五條稱「各民族一律平等」，又第二章第八條云「中華民國人民無男女宗教種族階級及黨派之分，在法律上一律平等」，足見此次制憲，係秉國父遺教，配合國情，力求權利與義務對等。但西南土著民族，交通梗阻，文化落後，生活言語習慣特殊，若

1　參見石啟貴：《湘西苗族實地調查報告》，707 頁，長沙，湖南人民出版社，2008。

無扶植優待之明文規定，必演成負擔義務實多，享受權利實少，故提議在各有關條文內增補數字。

最後，查英美蘇等國憲法，對於國內民族均有明確之條文。而憲草無土著民族「憲文」，是為一大缺憾。

根據以上理由，楊砥中等最低要求「在各省內以人口比例，配選各級之單位」，而符憲政，造福人民，以免強鄰利誘，分裂挑撥。

具體修訂內容如下。

憲草第 26 條規定，國民大會由下列人員組成：

第一，由各省區及蒙古各盟、西藏地方議會選出之立法委員；

第二，由各省議會及蒙古西藏地方選出之監察委員；

第三，由各縣及相當於縣之其他地方區域選出之代表；

第四，由僑居國外國民選出之代表。

楊砥中等要求，在第三項後增加一項，即第四項，內容為「由滇川黔康湘桂六省土著民族按人口比例配選出之代表」，原來之第四項改為第五項。

審議結果是，修正案被部分採納，增加了一條：「各民族在邊疆地區選出代表，其名額以法律定之。」

憲草第 65 條規定，立法委員名額之分配原則如下：

第一，各省市人口未滿三百萬人者，每省市五人，其人口超過三百萬以上者，每滿一百萬增加一人；

第二，蒙古各盟共八人，西藏八人；

第三，僑居國外之國民十六人；

楊砥中等提出，第三項後須增加一項，即第四項，其文字如下：「由滇川黔康湘桂六省土著民族按人口比例，分配選出之代表。」修正案被部分採納，增加了第四條：各民族在邊疆地區選出者。

憲草第 96 條規定，監察院名額分配原則為：

第一，每省五人；

第二，每市二人；

第三，蒙古各盟共八人，西藏八人。

楊砥中等要求增列「省內土著民族，得按人口比例，配選參加之」，未被採納。其他代表所提的增列「華僑團體、僑居國外之國民」名額的修訂則被採納了。

憲草第 115 條規定，省自治法應包括下列各款：

第一，省設省議會，省議員由省民選舉之；

第二，省長民選；

第三，省政府及縣政府之組織；

第四，縣實行縣自治，縣長民選；

第五，省與縣之關係。

屬於省之立法權，由省議會行之。

楊砥中提出，此條之末增列「省內土著民族得按人口比例配選參加之」，未被採納。

憲草第 144 條規定，國家應普及並提高一般人民之文化水準，實行教育機會均等，保障學術思想之自由，致力於科學與藝術之發展。楊砥中提出，應在「實行教育機會均等」條下，增列「邊疆落後之土著民族，應予以優待機會，俾資撫植，其辦法以法律定之」，未被採納。[1]

戲劇性的一幕發生在國大主席團選舉時。按規定，國民大會開會

1　以上關於憲草及其修訂的論述，參見王雲五：《王雲五全集》第 14 冊《國民大會躬歷記》，293~294、306~308、326~328、342~344、354~355、372 頁，北京，九州出版社，2013；石啟貴：《湘西苗族實地調查報告》，700~702 頁；《申報》，1946-11-22，第 1 版，1946-12-11，第 2 版，1946-12-16，第 1 版。

時，由出席代表互選出五十五人組織主席團，然後由主席團推定一人
為主席，有關會議之行政事項亦由主席團主持。[1] 在這樣一種互選方式
下，人數寥寥的西南土著民族代表當然絕無可能躋身主席團。楊砥中
終於像火山一樣爆發了，《湖南日報》南京特派員在現場記錄下了這
生動的一幕：

> 　　正要進行投票選舉之際，貴州代表楊砥中突從樓上擴音器
> 中發出獅子吼，質詢主席團中為何無土著民族單位。湖南土著
> 民族代表石啟貴起來附和，並大講一段土著民族史。朱經農此
> 時發言，謂土著民族在組織法中並未規定另成一單位，主席團
> 選舉法已通過，不能隨便增加一單位。楊砥中聽了不服，立時
> 提出反駁：「組織法中亦未規定有共產黨、青年黨、民主同盟
> 等單位呀！」會場空氣突趨緊張，主席孫科連連摸頭。此時西
> 康土著民族代表麻頃翁亦從座位躍出，穿着喇嘛服裝，右臂外
> 露，走上發言台。一時電影師、攝影記者，一陣騷動，爭取此
> 珍貴鏡頭。麻氏雖說國語，但能聽懂者極少，記者只聽到幾
> 句：「我們大慈大悲的國父……民族一律平等……如果……我
> 們退席。」此時會場幹事又從蔣主席手中取了兩張紙條。一張
> 送給張道藩代表，上面寫道：「道藩同志，這時你可以讓了。」
> 另一張被送上了主席台，洪蘭友宣讀稱：「奉主席諭，對於土著
> 各民族主席團候選人問題甚表同情，惟其他候選人讓出名額以
> 補救之。」洪氏報告畢，張道藩申明，放棄候選人資格，請改
> 由楊砥中代表遞補。這一來，不僅解決了主席孫科的困難，復

1　參見王雲五：《王雲五全集》第 14 冊《國民大會躬歷記》，380~383 頁。

緩和了會場的空氣。[1]

　　楊砥中在制憲國大上指點江山，激盪風雲，將整個西南土著民族的政治權利帶進了憲法。正在風頭上的他並未意識到，當權者已油然生起對他的厭惡之情。兩年後，行憲國民大會召開，他竟然落選國大代表，讓眾人大跌眼鏡。對此，李仕安先生評論說：

　　　　1946 年開制憲國大，他的意見很多，發言也很多，聽說除了祕書長發言多以外，第二個就是他了。所以，1948 年行憲國大，蔣介石就不要他上去了，據說是蔣介石指名不要他，他就沒當成國大代表了。這一年選總統，我是國大代表，我們選蔣介石做總統，就沒得楊砥中的戲了。他 1946 年把風頭出夠了，蔣介石都討厭他了。據說這就是他沒當上代表的原因，這是有可能的，否則，他怎麼會當不成國大代表呢？不可能嘛。

　　公開的資料則顯示，1947 年 9 月，貴州省主席楊森以砥中在制憲國大中言論「荒唐無稽，妨礙統一」為由，直接阻攔砥中參選國大代表。此時，砥中剛在重慶創辦了「南邊疆企業股份有限公司」，從事錫、銅、油、漢方藥材、茶葉等商品的出口業務，以及金屬製建築材料、機器、工具、西洋醫藥、教育用品等商品的進口業務，登記資金為 5,000 萬元。[2]

1　石啟貴：《湘西苗族實地調查報告》，708~709 頁。
2　參見吉開將人：「楊砥中と民國晚期の西南中國 —— 忘れられた西南民族の『領袖』」，載《北大史學》第 57 號，2017 年 12 月。

4. 日暮途窮

2009 年在雅安，仕安先生將楊砥中夫人戴瓊英的兩封來信贈給了我。一些資料說戴很美貌，李先生提及她時也強調了一句「很漂亮」。戴是東北滿族人，祖父是清朝戴雙眼花翎的二品大員，她先後在成都就讀於華美女中、蜀德中學，最後畢業於華西大學社會系，並曾在光華大學銀行系就讀一年。畢業後經大學同學——衛立煌的姪女介紹，她到了和豐銀行做會計。這樣一位受過現代教育的美貌女子，很快便讓銀行總經理兼股東楊砥中神魂顛倒，情不自禁地陷入了單相思。正好銀行的另外兩位股東——龍繩祖與隴應葵，因在國共內戰中的消極舉動而被國民政府法辦，龍的部下緊急飛渝，請楊砥中去南京打點。楊請求戴瓊英一同赴南京活動，在成功解救出二人的同時，楊的單相思終於在戴那裏引起了共鳴。[1]

1963 年 5 月 1 日，貴州省畢節縣人民法院因楊砥中的歷史問題，判處他「反革命罪」。17 年後，楊砥中已病逝獄中多年，正在四川省會理縣益門煤礦子弟學校教外語的戴瓊英致信李先生，請他協助為楊砥中申訴。李先生為此寫了《為楊砥中冤案作證》一文，以當事人的身份指出判決所據事實的若干錯誤。

4 個月後，戴瓊英再次致信李仕安，稱貴州中級人民法院撤銷畢節縣的原判，宣告楊砥中無罪。欣喜之餘，她糾結的是，審判書上講楊砥中是 1950 年在四川投誠，應按起義投誠人員政策對待。「這又是我不解之處，按楊一生就是走國民黨路線，打起土司、民眾總代表的招牌，保送學生上學，並非做官，也非國民黨員。在臨解放

---

1 參見楊耀健：《土司夫人戴瓊英》，見中國人民政治協商會議重慶市渝中區委員會文史資料委員會編：《重慶市渝中區文史資料》第 16 輯。

前夕，國民黨利用他在彝族人民中的威信，強迫他去西昌，為他們帶路，他連我們母子五人生活都無法照顧了，被迫而去。去後不久，便與彝族人民一道。你說這是起義投誠人員嗎？該不該再起訴，這判決是否不恰當？」

在制憲國大上出盡風頭之後，砥中在政治上進入了消沉期。直到 1949 年，國民黨在政權大廈已傾，踟躕於西南邊地負隅頑抗的最後時刻，才重新意識到楊砥中的價值。原軍統保密局第一處副處長黃逸公回憶，1948 年春，「夷族」觀光團到達南京，楊砥中與嶺光電曾起草過一份建議，擬於西南非漢民族地區組織「民眾自衛隊」，這是楊砥中力圖在政治上東山再起的一次努力，但未獲重視。蔣介石將此建議批交國防部核辦，一直懸而未決。1949 年 4 月，天塹長江不保之際，保密局第一處主張批准此方案，並建議將其與該處草擬的「全國游擊隊組織方案」結合，作為西南地區游擊組織實施計劃的一個部分，仍然沒有下文。同年 8 月，蔣介石定下了以西南特別是四川作為「復興」的根據地的方針，並於 9 月抵達重慶，在林木森森的黃山官邸召見了楊砥中與嶺光電。此時，砥中正處於危急時刻──他被懷疑是共產黨員，在貴陽差點就被逮捕了！蔣的接見給了他一個脫險的機會，他表示很高興，並對嶺氏說：「只要見了他（蔣介石），那些雜種就不敢亂來了！」這次接見，砥中口若懸河、滔滔不絕，形容西南「夷」、苗等族如何愛國反共、誠實勇猛、吃苦耐勞，可組織起來為黨國出力云云。20 多分鐘後，接見結束，蔣介石站起來握手，目送他們離開。嶺注意到，蔣的臉上，寫滿了勞累焦慮，疲態盡顯。

楊砥中就此跟著國民黨在西南的殘部，一直走到無路可退。其中，包含幾分裹脅，幾分自願，幾分投機，我們已不得而知。在和嶺光電獨處時，他曾流露過對胡宗南等人的厭惡，稱他們為「這些兒

子」。然而，事已至此，他也只能為「這些兒子」盡力了。

黃逸公就在重慶認識了楊、嶺二人。經他的認可，楊砥中升級了此前的方案：把「民眾自衛隊」擴大為「西南邊區民眾反共救國軍」；設總指揮部，由西南軍政副長官兼西昌警備司令賀國光任總指揮，徐志道、楊砥中任副總指揮；在川、康、滇、黔等五個邊區各設立一個區指揮部，共設十五個總隊，砥中兼一個區指揮，其餘的區指揮及各總隊長，均在西南少數民族上層中選派。新方案送呈參謀總長顧祝同手中，他還未來得及拍板決定，中國人民解放軍第二野戰軍已於11月30日攻克了重慶，黃、楊等倉皇逃到成都，又由成都前往西昌，一路歷盡艱辛。

在西昌，被蔣介石委以堅守西南重任的「西南軍政長官公署」長官胡宗南立即接見楊、嶺二人，聽取他們報告有關發動邊區少數民族武裝的具體辦法。當楊砥中提到他在滇西佤瓦山、野人山活動的情形時，胡宗南立即來了興趣，決定在西南軍政長官公署成立「邊務委員會」（有回憶稱為「邊政委員會」），並要他們提出委員名單。經商議，他們提出了孫子汶、鄧德亮、楊砥中、嶺光電、嶺邦正、王濟民、隴體要、龍繩曾、黃逸公、李猶龍等54人，涵蓋了川、康、滇、黔、桂五省區的諸多少數民族上層人物。頗具諷刺意味的是，連1947年加入中國共產黨、中華人民共和國成立後曾任涼山臨時軍政委員會主席以及雲南省副省長的張沖，也被提名為委員。張沖是雲南瀘西縣「夷人」，雲南人認為他本事很大，有俗語稱：「天上的雷公，地上的張沖。」名單經胡宗南核定後，以楊砥中為主任委員，黃逸公任祕書長。邊務委員會下設五個處，另成立一個「邊務工作隊」（有回憶稱為「邊疆工作隊」），總隊長由楊砥中兼任。

接着，邊務委員會建議，立即籌組「西南反共自衛救國軍」，胡宗南予以採納，決定成立七個縱隊，縱隊司令主要是西康「夷族」土

1955年涼山彝族自治州成立大會上，雲南省副省長、涼山臨時軍政委員會主席張沖口述大要，李仕安執筆起草發言稿時的情景

司或頭人，包括蘇紹章、嶺邦正、孫子汶、諸葛世槐等。

楊砥中又向胡宗南提出，萬一西昌不守，可將主力經會理渡金沙江撤到滇西野人山與佧瓦山，那裏毗鄰印緬邊境，地域廣闊，頗具戰略價值。為了實現這一計劃，邊務工作隊還先行成立了第一大隊，以曾任軍統富林組組長的楊濤為大隊長，到他的家鄉雲南永仁縣聯絡少數民族，建立通往野人山及佧瓦山的聯絡線。

不過，志大才疏、有常敗將軍之稱的胡宗南，這次又算錯了解放軍的進軍路線。他以為對手必然會從川南大舉進兵西康，攻佔富林後，跨過大渡河直搗西昌，為此屯集重兵於大渡河。孰料1950年3月24日，迂迴到滇東的中國人民解放軍第二野戰軍，忽然揮戈北向，由巧家橫渡金沙江，將朱光祖的獨立師擊潰如流水落花。另一路解放軍又由滇北劍指西康，殲滅了顧葆裕的殘部及「西南反共自衛救國軍」第三縱隊蘇紹章部，攻克了會理。這一下徹底打亂了胡宗南的計劃，連退守滇西野人山、佧瓦山的出路也被掐死了。

幾乎沒有遇到像樣的抵抗，解放軍勢如破竹。僅僅兩天之後，3月26日晚11時10分，胡宗南吞下同到涼山打游擊的諾言，拋下了包括自己的參謀長在內的眾多同僚，在西昌小廟機場乘專機起飛，直奔台灣。此時月黑風高，夜色森森，他的許多同事們爬到了西昌東北面的山上，遙望機場一片燈火，空空蕩蕩。幾小時後，解放軍就進入了西昌城。李仕安先生對我說，一夜不安的西昌市民，第二天小心翼翼地打開門後，看見了滿街的解放軍，他們有的就睡在自己的屋簷下，沒有任何騷擾。「西昌人何曾見過這樣一支紀律嚴明的部隊？」

黃逸公、楊砥中等於解放軍入城之前數小時撤離了西昌，向涼山深處進發。4月中旬，中共地下黨發展對象、涼山「夷人」、接應解放軍由巧家北渡金沙江的羅正洪突然來見，並帶來了嶺光電的來信，信上說：「我已率部投誠，到了西昌，曾與軍管會的人談過，保證你

們的安全，要你們即日下山，不要再遲疑。」一行人便下山了。[1]

　　楊砥中在西昌與解放軍見了面，先被送到北京，後又調回西南民族學院工作。在西南民族學院，他曾負責整理雲貴川彝族上層人士的家譜，設計了若干示意圖，標明家支位置，淵源何自，並請夫人畫圖[2]，還撰有《有關涼山彝族歷史的幾個問題》等學術論文。在新社會，他慷慨激昂一如既往，1956 年，當語言學家們試圖拋棄傳統彝文，另造拼音彝文時，出現了各種反對的聲音，其中以楊砥中的情緒最為激動。他向有關領導寫信，請求利用傳統彝文資料，編撰涼山彝族史，並提供彝族學者名單及古彝文書目，為利用老彝文，保存傳統文化獻計獻策。[3]

七、嶺光電

　　從曲木藏堯到高玉柱，再到楊砥中，走的都是緊跟中央的上層路線，與地方政府之間，始終處於一種或明或暗的緊張關係，他們的

1　以上敍述參見黃逸公：《胡宗南在西昌的掙扎》，見中國人民政治協商會議全國委員
　　會文史資料委員會編：《文史資料存稿選編·軍事派系（下）》，北京，中國文史出版
　　社，2002；李猶龍：《胡宗南部逃竄西昌和覆滅實錄》，見中國人民政治協商會議全國
　　委員會文史和學習委員會編：《文史資料選輯》合訂本第 17 卷，北京，中國文史出版
　　社，2011；溫春來、爾布什哈主編：《嶺光電文集》（下冊），354~363、367~368 頁；
　　羅家修、羅蓉芝：《回憶羅大英起義》，見四川省涼山州政協文史資料委員會、四川省
　　涼山州西昌戰役戰史研究會合編：《西昌戰役勝利五十周年紀念專輯》，2000；楊樹標、
　　楊菁：《蔣介石傳》，461~462 頁，杭州，浙江大學出版社，2008。

2　參見楊耀健：《土司夫人戴瓊英》，見中國人民政治協商會議重慶市渝中區委員會文
　　史資料委員會編：《重慶市渝中區文史資料》第 16 輯。

3　參見秦和平：《論涼山新彝文創制與新老彝文使用的爭論及後果》，載《西南民族大
　　學學報（人文社會科學版）》，2014(9)。

成功與失敗，均與此不無關聯。中華民國的政治局勢，實在是太複雜了！最能從容於中央、各級地方政府、形同獨立的涼山「夷人」社會之間者，非嶺光電莫屬。他的身份，本身就異常複雜，集土司、袍哥、軍統、國民黨員、立法委員、國軍將領、西康軍閥劉文輝的下屬與智囊等為一身。「你如果不是少數民族，十個腦殼也保不住。」中華人民共和國成立後，一位地區公安處的處長在私底下曾推心置腹地對嶺說。[1] 這些在新社會中每一個都犯大忌的身份，在民國時期卻是他得到各方面廣泛認可的象徵。一位受過教育的彝族青年曾說：「我們深信夷人的開化，必定是由他來奠定基礎。」[2] 1943 年冬天，嶺光電在康定因傷寒住院，西康省主席劉文輝兩次前往探視，並仔細向院長詢問病情，叮囑說：「必須千方百計地把他救起來，他死了，彝人的進步，會耽延一二十年。」[3]

1. 中華民族的一顆「鐵豆」

1943 年 7 月，燕京大學的林耀華教授冒着暑熱，風塵僕僕 30 餘日，從成都抵達雷波，在此調查數日後，他懷着焦急而忐忑的心情，不顧一切勸告，決定向西深入險峻廣闊的涼山地區。行前，他寫了兩封信，一封給遠在重慶的妻子饒毓蘇，一封給燕京大學法學院院長吳其玉，通告他們自己入山的日程、所請「黑夷」保頭的支系與姓名、辦理「夷務」的介紹人等細節。他很清楚，在涼山，各個「黑夷」家支分別控制着大小不等的地域以及數量不等的「白夷」和娃子（奴僕），為了或大或小的事情結下深仇、長期械鬥（即打冤家），整個

1　參見爾布什哈：《回憶父親嶺光電》，見溫春來、爾布什哈主編：《嶺光電文集》（下冊）。

2　蔣漢安：《嶺光電熱心教育》，載《新康報》，1946-11-13。

3　溫春來、爾布什哈主編：《嶺光電文集》（中冊），531 頁。

社會四分五裂。每個「黑夷」首領乃至土司的命令都僅在一定範圍內
有效，外人一旦深入陌生的「黑夷」領地，重則有生命危險，輕則被
掠賣為奴。政府對此是束手無策的，因為除了一些接近漢地、漢化程
度較高的所謂「熟夷」地區外，廣闊的「生夷」地區向來都是政令所
不及之地。不惟如此，清末以降，政府的有效管轄範圍不斷受到「黑
夷」的侵蝕。光緒年間，他們侵佔涼山主脈黃茅梗以東之地，多處交
通斷絕。民國八年（1919）他們又攻佔昭覺縣城，縣長只能長期蹩踏
於西昌縣大興場辦公。林氏信中提到的「保頭」，是在一定地域內享
有聲望的「黑夷」，有其護送，可保安全無虞。但一旦超過此地域，
保頭自身難保，只能就此別過，漫漫前路又得託付給外的保頭了。
有趣的是，在西昌大興場辦公的昭覺縣縣長，如果要到自己的轄地，
也得請保頭把自己保進去。然而，保頭們的不斷接力並不意味着萬無
一失，一來突發情況無法預料，二來保頭也可能背信棄義乃至搶劫、
掠賣客人。人在涼山旅途，命運難以預料。林耀華的信，是想在不幸
情況發生時，給妻子與同事留下救援的線索。接下來的旅程中果然險
情不斷，他幾至喪身，好在最終均化險為夷。[1]

　　鑒於涼山的這種情況，當時有不少西方學者、傳教士習慣稱涼山
「夷人」為「獨立倮倮」，而著名民族學家任乃強則稱他們為「中華民
族之鐵豆」，形容其雖散處漢族地域中閱數千年，但一直保持着自身
獨特的文化習俗與桀驁不馴，可謂水潑不入，針扎不進。世上有沒有
能「鑿破鐵豆之金針」呢？任氏把目光投向了嶺光電，其厚望之情、
殷殷之意，溢於言表。[2]

1　參見林耀華：《涼山夷家》，1~5、122~133 頁。此段敘述含有我對李仕安先生的訪
　　談內容。
2　參見任乃強：《我所知道的夷族土司嶺光電先生》，載《邊疆通訊》，第 8、9 期，
　　1947。

2. 土司與漢官

嶺光電，彝名紐紐慕理，1913 年出生於四川省越西縣大田壩（今屬甘洛縣）驛站的一個土千戶家庭。田壩位於一個狹長的河谷地帶，「夷」漢雜居，是清代、民國時期漢人深入「夷區」的一個前哨，往東十來千米即甘洛，但已是政令所不及的「生夷」區了，其西二十多千米是漢人所控制的重鎮與關隘 —— 海棠。從海棠居高臨下，長驅直入的話，要控制田壩不難，但要對付田壩河谷兩岸崇山峻嶺中的「夷人」，則殊非易事。經過翻山越嶺實地踏勘之後，我理解了要在谷地設立土司的原因。事實上，嶺氏土司衙署就在河邊平地，但所轄人群卻分散於深山叢林之中。

在清王朝林林總總的數百個土司中，田壩土千戶並不起眼，《清史稿》在談到它時只用了一句話：「暖帶田壩土千戶，其先部則，康熙四十四年，歸附，授職。」[1] 即便把目光縮小到涼山一帶，田壩土千戶在眾土司中也談不上顯赫，無論是土地還是人口，它都比毗鄰而居且同樣屬土千戶的下土司弱小許多。[2] 雖然也算是含着金鑰匙出生，但嶺光電卻因此備嚐苦痛與磨難，他幼年喪父，13 歲時，世襲領地先被一個小軍閥劉濟南無理而殘忍地改土歸流，接着又在一位「黑夷」彭巫甲的襲擊中遭受滅頂之災，母親慘死。他僥倖獲生，一夜之間成為孤兒，而仇家仍在虎視眈眈，如果不是其乾爸、川邊各軍總司令羊仁安的庇護，他能否順利長大成人都會成為問題。

在尚未家破人亡時，嶺光電曾入過家裏以及族人開辦的私塾，像

1　（清）趙爾巽等：《清史稿》卷五百十三《四川土司》，14238 頁，北京，中華書局，1976。

2　參見阿扎木呷：《回憶開明土司嶺光電》，見馬爾子主編：《涼山民族研究》第 3 輯，北京，民族出版社，2013。

許多漢人孩童一樣學習《百家姓》《增廣賢文》、聖諭等。投奔羊仁安後，在後者的撫養下，他以優異的成績先後在西昌、成都等地的名校完成了小學、中學教育。在各種課程中，他「對史地素感興趣」，讀過不少古今中外的相關課外書，如《第一次世界大戰史》《華盛頓傳》《環球志》等，他也喜歡讀《三民主義》《孫文學說》以及郭沫若、魯迅的小説，還有《創造》《生活周刊》《新青年》等現代雜誌。他對四書、《史記》《三國志》《明史紀事本末》等古籍同樣充滿了興趣，晚年嶺光電稱自己「只因愛看古書，滿腦子『文景之治』『貞觀之治』『斗米百錢』、管仲、西門豹，姚紫（崇）、宋璟、房玄齡等，時時想這些封建幻想和人物。生不能辦到，死後也要如孔子、畢阿史拉者，名揚後代」。1933年，當他投考中央陸軍軍官學校時，即因讀過《史記》而能順利回答口試官的問題。按照課程的設置，他也下功夫學英文，將許多課文「讀得爛熟」，並能體會到英文本的《三民主義》「文詞之美，不亞於漢文」。[1]

讀中央軍校期間，嶺光電在射擊、越野賽跑方面顯示出過人之處。1936年，他順利畢業，得到校方的重視與信任，被挑選加入軍委內部組織 —— 軍統，並被安排到軍事委員會委員長重慶行營辦公廳第三課工作。而早在畢業之前，他就在校方的安排下，與同學集體加入了國民黨。

嶺光電到重慶後，適逢行營組織「邊民調查團」赴涼山各縣調查，該團由各個方面的專業人員組成，嶺氏被委為少尉翻譯。考察的成果，最終整理成《寧屬調查報告彙編》一書，該書分為礦產、工商、農牧、交通、軍事、政俗六個大類，每大類下面細分為若干小

1　參見溫春來、爾布什哈主編：《嶺光電文集》（下冊），205、209~214、223~234、297頁。

在南京中央軍校讀書時期的嶺光電

類，涵蓋了資源、經濟與社會生活的諸多方面，在敍述過程中提出若干建議，實為了解和開發寧屬的重要資料。[1] 1937 年，嶺氏到漢源，被時任「寧屬漢夷民團指揮」的羊仁安委為「夷務大隊長」。此時，在其故鄉田壩，早就流傳着嶺氏從黃埔軍校畢業，即將回來當官的傳說，因改流而處境日艱的百姓、娃子們視離家多年的嶺氏為救星，在欣喜中熱切地期盼着他的歸來。1937 年 1 月，當這一夢想終於成真時，分佈在幾十里路途上的迎接隊伍、百姓們發自內心的跪拜、響徹山谷的哭聲，表明了這一方土地對嶺氏的歡迎和期望。[2] 越西縣縣長唐秋三，也順應民情，發給嶺氏一張委任狀，恢復了他的土司職務。[3] 1940 年，俄國人顧彼得見到的嶺光電，已經是這樣的形象：

> 中等身材 …… 身着剪裁得體的純毛呢咔嘰的中國軍隊制服，磨得錚亮的皮帶上掛着一支大毛瑟手槍，腳登一雙閃亮的高筒皮靴，頭上剃着軍隊式的小平頭。但他與中國軍官們的相似之處僅此而已，他瘦長結實的運動員身材使人馬上聯想到彝人。他大概有三十多歲，相貌堂堂，他的臉色不是那種黝黑的類型，而是令人愉快的巧克力顏色，寬闊的下巴頗有堅決果敢之意，他有一張很感性的嘴和完美皓白的牙齒，又大又黑的眼

1　參見國民政府軍事委員會委員長行營第二廳：《寧屬調查報告彙編》，1939。

2　參見阿扎木呷：《回憶開明土司嶺光電》，見馬爾子主編：《涼山民族研究》第 3 輯。

3　傳統上，土司的任命、廢除與恢復，都須通過朝廷的批准、皇帝的認可，地方大員們擁有相當大的建議權，縣官在這些事上是沒有多少權力的。從劉濟南隨其所欲改流，到越西縣縣長用一紙委任狀恢復嶺氏土司之職，說明進入中華民國後，在各級軍閥擁有很大實權的情況下，特別是在寧屬這樣複雜的地區，土司的任免已相當混亂。同時，是否有唐秋三的委任狀，對嶺氏在田壩的實際統治權亦不會有多大影響，因為當地的彝族百姓們在情感上、習慣上、現實需要上都離不開嶺光電這位土司。

睛靈活閃爍，與漢人那種杏仁形的、毫無生氣的眼睛形成了鮮明對比。當他傾身同我說話的時候，臉上閃耀着迷人的微笑，眼睛變得很柔和。[1]

此時的嶺光電，已先後擔任四川省邊民教育委員會委員、劉文輝麾下的國民革命軍二十四軍少校參謀、西康省政府中校參議、西康省政府主席彝文祕書、西康省保甲軍訓合一訓練所教官、西康省腴田特別政治指導區民兵團副團長。正值國民政府修築通向緬甸、突破日軍國際封鎖的「樂（山）西（昌）公路」，嶺氏又出任邊民築路隊北段支隊支隊長。[2] 他正在向自己的人生巔峰穩步前進。

在等級與出身至關重要的四川「夷區」，如果不是出身於比「黑夷」還要高貴的土司之家，嶺光電難以有他後來的事功，但他遠超出許多勢力比他強大的土司的影響力，說明家世遠非其成功的關鍵。更何況他在孩提時代就已在飛來橫禍中失去了一切，成年後，他所面臨的複雜狀況，也使他絕不那麼容易如魚得水。

從漢人政府方面來看，1928 年，以蔣介石為首的中央政府，只是在名義上完成了中國的統一，軍閥割據的局面並未從實質上得到改變。儘管藉着圍剿紅軍以及紅軍長征的機會，蔣介石削弱了西南軍閥，大大加強了對西南地區的控制，但一些軍閥仍然擁有強大實力並同蔣介石離心離德。1939 年 1 月，中央新設置西康省，管轄今西藏東部、四川西部約 53 萬平方千米的遼闊土地，劉文輝任省主席。這個新省分為康屬、雅屬、寧屬三大部分，康屬的許多地區實際上為

1　［俄］顧彼得：《彝人首領》，109~110 頁。

2　參見爾布什哈：《嶺光電簡明年譜》，見溫春來、爾布什哈主編：《嶺光電文集》（上冊）。

佩戴陸軍甲種二等獎章的嶺光電，攝於 1947 年

西藏當局所控制[1]，寧屬則是「夷人」聚居區。西康省省會在康屬之康定，經濟重心在寧屬，省主席劉文輝則長住雅屬之雅安，如此奇特的狀況在全國可謂獨一無二。蔣介石為了控制寧屬，隔斷滇康二省軍閥的聯繫並監視劉文輝和雲南省主席龍雲，在西康建省的次月，即在西昌設置「國民政府軍事委員會委員長西昌行轅」。為減少摩擦，蔣介石特任命精明幹練、與劉文輝同屬保定（軍校）系且當過其部下的湖北人張篤倫為行轅主任，劉文輝則以寧屬離省會過遠為由，於同年5月設「寧屬屯墾委員會」於西昌，代表省政府推行省政，綿裏藏針地與行轅針鋒相對。[2]這樣，嶺光電等任職寧屬的官員，就往往或明或暗地面臨着政治站隊的問題。例如，屯委會主任李萬華就一度認為李仕安「是行轅特務，與我們是走的兩條路」，不予委用。[3]同時，正如蔣介石不能完全控制劉文輝，劉文輝也同樣不能讓寧屬的所有小軍閥俯首聽命，他一度極不信任嶺光電的乾爸羊仁安，與鄧秀廷之間更是一直貌合神離，羊、鄧二人也矛盾重重[4]，而行轅的設置更讓小軍閥們有了玩弄平衡以增加自身分量的機會。嶺光電等人又因此增加了處理與小軍閥關係的難題。曲木藏堯就是因為得罪了鄧秀廷，於1940年10月被毒死於瀘沽，時年35歲。當時他身任國民政府軍事委員會委員長西昌行轅中校主任副官，兼樂西公路督修司令部第二支隊支隊長，

1　參見劉文輝（自乾）：《劉自乾先生建設新西康十講》，24~28頁，雅安，建康書局，1943。

2　參見胡恭先、劉元瑄、伍柳村：〈劉文輝和蔣介石在寧屬的明爭暗鬥〉，見中國人民政治協商會議涼山彝族自治州委員會文史資料研究委員會編：《涼山彝族自治州文史資料選輯》第4輯，168~196頁，1986。蔣介石任命張篤倫為行轅主任的良苦用心，來自對李仕安的訪談。

3　參見溫春來、爾布什哈主編：《嶺光電文集》（下冊），384頁。

4　參見溫春來、爾布什哈主編：《嶺光電文集》（中冊），396~406、479~482頁。

組織「夷民」四千餘人，參與築路。[1]

　　寧屬「夷人」社會同樣非常複雜，政府對「生夷」區鞭長莫及，各個「黑夷」家支獨據一方，整個社會四分五裂，沒有誰的命令可以在全涼山通行無阻。在這樣一個地區，解決問題只有利用個人的身份、才智及膽識，通過私情、說理、協商、調解、談判、威脅、利誘、武力等方式來施加影響力，這一切都需要因時、因地、因人、因事而靈活採取，是否收效以及收效程度亦視情況而定。[2]

　　在這種極為複雜的局面中，嶺光電如何成就他的事功呢？就個性而言，他不像楊砥中那般鋒芒畢露與激情四射，而是內斂篤實，一如他的講話風格 —— 不緊不慢而極富條理；他並不總是躊躇滿志，甚至時有悲觀情緒，但絕不會因此而懈於拚搏；他有強大的意志力，當晚年罹患癌症，在人生盡頭忍受着劇烈病痛時，也絕不呻吟失態。這令人想起涼山「黑夷」的勇武精神 —— 作戰時不得低頭避彈，如臨陣低頭，則遭旁人責罵：「吃老母豬肉的，你想把子彈讓給哪個？」受傷時仍須勇敢掙扎，直至暈倒為止，在此過程中不能呻吟，否則屬下的「白夷」非但不同情安慰，還會出語譏諷，說出「你呻吟連我們都沒有面子」之類的話。[3]這樣一種外表韜光養晦、內心強大進取、洞悉一切的特徵，有助於嶺光電在各勢力之間如魚得水。李仕安先生曾

1　參見張伯倫：《夷族的革命先進 —— 曲木藏堯》，載《西康青年》，第 2 卷，第 4 期，1942。鄧秀廷毒死曲木藏堯一事，不見於當時的文字史料，但時人均這麼認定。

2　嶺光電、李仕安兩位彝族精英在民國時期解決許多問題的個案使我得出這樣的結論。

3　參見嶺光電：《黑夷和白夷》，載《邊聲報》，1946-12-15，第 4 版；溫春來、爾布什哈主編：《嶺光電文集》（下冊），124~125 頁。

用一句不含貶義的話形容嶺光電：「外表豬相，心裏雪亮。」[1] 他同西康省政要關係之融洽，令人驚訝，向劉文輝匯報工作，無須預約，直接進門就行，在劉的公館談事情，到了就餐時間，就一起吃飯。有一次他為劉做彝文翻譯，說話過多，聲音沙啞，劉就把自己的茶盅遞給他喝水。[2] 在為屯委會所用的同時，他也精心平衡了與行轅的關係，1944年，行轅主任張篤倫認為他在調解地方糾紛、禁煙上有功，上報頒發勛章，獎勵二十支步槍。[3]

嶺光電的品性中還有一大關鍵，助推了他的事功，即他有着強烈的「夷族」意識並努力從實際工作中振興「夷族」，為此而超越了一己私利，也超越了涼山社會諸多根深蒂固的清規戒律，由此表現出的廣闊胸懷與格局，感動着許多人向他伸出友誼之手。他廢除了土司苛索屬下百姓並且被百姓視為自然而然的種種陋規；他常常帶着藥品在自己的領地視察，為貧病者無償治療；他無視被認為天經地義的森嚴等級，在送「白夷」與「娃子」（奴隸）們的孩子外出讀書時，把坐騎讓給學生而自己步行，還為他們購買新裝，洗澡洗衣；他可以傾己所有幫助無心於學的王濟民返鄉，可以舉所有財力在「夷區」辦學，卻自奉甚儉。1949年，他與國民黨四川省黨部書記長漆中權交談，他外穿華麗的呢子制服，裏面是土布製作的打滿補丁的襯衣。漆中權知悉之後，驚訝地伸手來摸他的襯衣，凝神沉思一會兒後說：「有同事說你在彝地工作，還有成績，可沒仔細詢問，想不到你是一個這樣

1　關於嶺光電性格的描述，主要來自我對李仕安、羊仁安的孫子羊邦德（1941年生，漢源縣交通運輸局退休職工）、嶺光電任土司時所管轄的百姓潘占清（1940年生，中共甘洛縣委統戰部退休幹部）與李敢（甘洛縣人民政府辦公室退休幹部）、潘占清之子潘木乃的訪談，以及他所寫的回憶個人往事的論著。

2　參見溫春來、爾布什哈主編：《嶺光電文集》（下冊），383頁。

3　參見溫春來、爾布什哈主編：《嶺光電文集》（下冊），303頁。

大小涼山有百萬以上的夷胞，他們的
心理，值得同情，他們的前途，值得重視，
一切的設施，必須因時、因地、因人、因事，
以收事半功倍之效。我認定大小涼山之
夷族一書，是夷族實情的縮影，請拿來
作邊政設計的重要根據吧！

嶺光電　敬題

嶺光電手跡

為彝胞奮鬥的人⋯⋯以後有什麼事要我相助，我當全力以赴。」[1]

嶺光電懂得，權力和強制不是萬能鑰匙，需要輔以妥協與變通。他以土司身份發出的一些倡導或命令，與屬民們根深蒂固的世界觀迎面碰撞時，常常產生令人啼笑皆非的喜劇效果。「夷人」們素信巫鬼，認為各種異兆、災害、疾病均係鬼在作祟，對付的惟一正確辦法就是請比目（畢摩）祈禱驅鬼，為此不惜耗費大量財物。當嶺光電宣傳有病須使用醫藥時，屬民們覺得自己的土司荒唐透頂，不可理喻，他們認為：「夷人的地方與漢地不同，漢人方法不能用於夷地。」因此即便發給免費的藥品，他們也拒絕服用。嶺光電同他們反覆辯論，結果徒增滿腹氣憤。後來他掌握了門道，將科學的道理改裝為本地的話語，於是皆大歡喜。他對屬民們說：

> 夷人的方法真是巧妙啊！可以說夷地方不用夷人方法，是不會成功的！比如唸經醫病這回事，我們盤古氏開天闢地以來就使用着，非常有效，其原因是夷人地方與漢人地方不同，鬼些都是夷死後變成的，懂得夷語夷文和夷人道理。止要比目唸經作法事，他們便要聽招呼，立刻離開不再作祟。所以過去夷人方法，在夷地是無往而不宜！可是近數十年就不同了⋯⋯自若干年來夷人地方，不單是夷人了，漢人來了，西番來了，摩素來了，高鼻子綠眼睛的洋人也來了，可說人些非常複雜，他們很多的死在夷地，或來時就帶來了許多鬼，使夷人地方的鬼也如生人一樣複雜了。他們各有各的語言文字和道理，並且這些鬼也如像生人一樣，本領特別高強。因為這樣，過去比目

1　參見蔣漢安：《嶺光電熱心教育》，載《新康報》，1946-11-13；溫春來、爾布什哈主編：《嶺光電文集》（下冊），350、528~531頁。

把夷人鬼對付得了，現在對付他們去不行了！第一這些鬼不懂夷人語文和道理，用夷人語文和道理，同他們交涉，當然不會使他們接受，就接受也怕止限於少數懂夷情的，所以比目對很多病是沒有辦法了。第二陽間與陰間是共同進步的，生人現在用步槍機槍，尤其洋人用大炮炸彈，他們的死鬼當然是一樣的。那末我們就要想想我們生人用步槍還抵不住用機槍大炮，用過去戰術勝不過現在方法，那有如比目用陳古八百年的刀矛盾索等，就想戰勝用槍大炮炸彈的鬼？真不自量力！所以許多時候，比目不僅不能把人醫好，連自己也要受危險！第三死鬼也如生人，各有所好，各有其用，如夷鬼當然喜歡牛羊豬，漢鬼也許喜歡金子銀子，洋鬼那就止用票子了，你們想想他不喜歡的東西，一定勉強他用，他是不是會滿意？當然不會滿意，所以許多鬼，一遇住夷人打牛打羊來送他，他認為不知禮，便要發怒，把人害死！第四過去人些來往，完全在走路，現在卻不同了，有的坐船，有的坐汽車，有的要坐飛機。我想鬼些在現在還是一樣的，也有坐船的，也有坐飛機的，那末他們不會要牛羊了，要了也帶不起走啊！有此種種，比目在目前是不多行了！

以上是說明比目在目前已經失去大部份作用，還有因了一惟用無結果的應付辦法，遭受了很大的危險！我們對付鬼是一惟去應酬討好，遇好鬼聽話的鬼還有辦法，遇壞鬼就無辦法了。而且壞鬼與壞人一樣，欺軟怕惡，得過一次便利就想二次便利，得過小便利，便想大便利，你越應酬他愈來找你，不知好歹。所以夷區鬼愛害人。漢人對鬼的辦法，就不同了！他們遇鬼時，就吃藥。把藥吃到肚裏，使身體一天天好起來，鬼來找住也害不了他。同時鬼來害人，作祟或者吸吮人的血液時，

分散在血液裏的藥，就要毒死他，萬一毒不死也要把他毒怕，所以鬼些不敢輕易去找漢人，一致向夷人地方跑來，找夷人想便利。夷人病的一天天加多，就是各地的鬼都集中到夷地的原故啊！我們今後仍然用老方法應付鬼，是一件自尋倒霉的事。必須趕快用醫藥，免得鬼得便利，完全集中到夷地來！[1]

屬民們聽後，恍然大悟，認為還是土司高明。類似的故事，嶺光電可以講出不少。

3. 教育家

從軍校畢業後，嶺光電致力於從一個具體地域的實際工作入手來改變「夷族」的狀況，提升「夷人」的地位。此前的「夷人」精英們顯然對此重視不夠，他們的精力主要集中在爭取中央的政治承認上了。

寧屬劃歸西康之後，主要針對寧屬「夷民」，劉文輝逐漸提出了「德化、同化、進化」三化政策[2]。儘管這個政策預設了「夷民」對應於愚昧落後的前提，但這個前提在漢人乃至許多「夷人」精英們看來是不言而喻的事實，而把同化於漢這樣赤裸裸的大漢族主義作為「夷務」的指導思想，也是當時再正常不過的主流認識。在進化論思想非常有市場的民國時期，同化甚至被認為等同於進化，正如嶺光電所云：「邊民同化以後，固然以邊民方面來說，已進步不少。」[3]或許其內心深

1　嶺光電：《我在夷區實施建設的經驗》，載《邊疆通訊》，第 8、9 期合刊，1944。
2　參見劉文輝（自乾）：《劉自乾先生建設新西康十講》第三講《建設新西康的三化政策》。
3　嶺光電：《教育與三化政策》，載《新康報》，1944-12-15，第 4 版。

處，也希望「夷族」的特色不要消失殆盡，這從他民國時期反對「夷」漢通婚的文章中可以窺知一二[1]，在 1949 年後的文章中則表現得更為突出。嶺光電最擁護和讚賞的，是三化政策所持的以和平友好的態度對待邊民並積極幫助邊民進步的立場，若干年後，他還回憶說：「四〇年劉正式提出三化政策，要德化同化進化，提得更冠冕堂皇了。一時迷着了許多彝人。」[2]在他的文章中，多次提到「三化政策」，以及如何以此來對抗以殘害「夷人」著稱的鄧秀廷。

　　在嶺光電看來，三化政策能否落到實處，關鍵在於教育[3]，甚至可以說，他是在藉着三化政策來加強他推行教育的合法性與權威性。重視教育是與他個人的經歷密切相關的。家破人亡之初，在羊仁安的提示下，他意識到，即便貴為土司，若不讀書就難以自保；等到他歷十年時間接受了完整的新式教育之後，在智識、視野方面的巨變以及因此而獲得的影響力，使他更堅定地把教育視為「夷族」進步乃至存亡的關鍵。1937 年 3 月，剛返回故鄉不久，他就在自己的領地內興辦了斯補小學，以免學費、書本費以及供給貧困學生飲食、衣服和文具來吸引大家入學。當這些都收效不大時，他禁不住悲傷落淚，一度想沒收不配合的屬民的財產，後來他採取了一種福利性的「強制」措施：借貸糧食給學生家庭，其數額以志願完成之學業為準則（如大學、高中、技專、初中等），學業完成時償還，或移借其親友升學，如學生不守約定中途退學，則須賠償十倍於所借糧食價值的財物。[4]與此同

1　參見嶺光電：《倮情述論》第五篇《談談漢夷通婚問題》。

2　嶺光電：《劉文輝與鄧秀廷間的一些情況》，見溫春來、爾布什哈主編：《嶺光電文集》（中冊），406 頁。

3　參見嶺光電：《教育與三化政策》，載《新康報》，1944-12-15，第 4 版。

4　參見嶺光電：《我在夷區實施建設的經驗》，載《邊疆通訊》，第 8、9 期合刊，1944。

時，他積極尋找各種機會，送「夷人」到滎經、會理、西昌、成都、重慶、南京、福州、息烽等地的小學、中學、軍校和各種職業學校去學習。[1]

　　在他的理念中，女性也應該接受教育，但頭人們擔心讀書女子不滿婆家甚或嫁與外族人而表示反對，提出如果招收女生就叫回男生，他無法解釋清楚，只得作罷。他也歡迎自己領地之外的「夷人」學生就讀且同樣給予優待，但因家長擔心讀書之後變成漢人，加上其他土司的阻止，效果不佳。他甚至也招收漢人學生，但名額限定為總人數的十分之一。他不算是財力雄厚的土司，為了教育不惜將私人資財大量拋撒，個人生活方面卻極其儉樸。他原有吸煙的習慣，每日兩包，1940 年，因教育經費緊張，立誓戒煙，而且堅持不吸，直到 1949 年後才重開煙戒。

　　學校的最大特色是設有彝文課，教師是頭人馬煥章、劉玉成，課本為手抄本彝文經典《史傳》，主體教育內容方面則與內地學校大致相同，先是用開明書店版的教材，後又用商務印書館的。教材在提供知識的同時，也培養了學生的民族與國家意識。2016 年的一個夏日午後，我在甘洛採訪時年 76 歲，曾在斯補小學讀過書的李敢老先生，老先生身體健朗，精神矍鑠，點了一支煙，記憶在煙霧中緩緩流淌：「好多課文我都還記得：『來來來，來上學，大家來上學；去去去，去遊戲，大家去遊戲。』」「我還記得《三民主義歌》：『三民主義，吾黨所宗。以建民國，以進大同。』」「我們那時也唱《義勇軍進行曲》，還唱《童子軍歌》：『中國童子軍，童子軍，童子軍，我們是三民主義的少年兵。』」在老先生清晰的敘述中，兒時的學堂往事星星點點地呈現出來。

1　　參見阿扎木呷：《回憶開明土司嶺光電》，見馬爾子主編：《涼山民族研究》第 3 輯。

嶺光電故居（中為斯補小學），1957 年中央民族學院教師惹尼呷呷攝

學校還開設了音樂、體育等課程，開展文娛活動，學生們到田壩街上演戲劇，與田壩小學的漢人學生賽球。斯補小學畢業生駱元君曾於民國時期撰文回憶母校的辦學情況：

> （斯補小學）於民國二十七年春季正式開學，漢夷兼收，第一學期就有六十餘名兒童入學，校舍是一座土司衙門培修的，倒也寬大，計有四個教室，一個大禮堂，四間寢室及一間辦公室，還有一個兒童圖書室，至於桌子板凳以及一切用具，都是新製的，其中風琴和留音機提高了夷族子女們的讀書興趣不少，記得那時我才是十一歲的一個幼小兒童，從我的家到學校是十五里路，每天去來必走三十多里路，這樣算是近的了。另外尚有許多同學離學校兩三天路，或一天路，所以一共約二十多個同學都住堂，伙食全由學校供給，學生文具亦均由嶺先生供給。教師五位是嶺先生在內地聘來的，每位教師都很吃苦耐勞，師生打成一片，記得當初開學時，學校四周光禿禿的，少有樹木，故每天除上課之外，教師們領着我們修平操壩，栽植樹木，不到兩年時光，形成了新綠可愛的林園，除了柳柏兩種樹木之外，各種果樹均有，而且還種菜。蔬菜的種籽是教師們自內地帶去的，因此田壩的漢夷老百姓都得了不少利益。在這荒涼偏僻文化落後的邊區裏邊，能辦得出這樣一所規模儼然的學校，實在是一件難以想像的事。可以說史無前例。

嶺光電甚至把軍校的一些訓練內容也放進來。1938 年 9 月，學生們到離家 120 里外的漢源縣，接受省主席劉文輝、靖邊司令鄧秀廷、原川康邊防軍司令羊仁安等西康頭面人物的檢閱。學生們赤着腳，服裝各異，但邁着整齊的步伐，精神抖擻，情緒高昂，歌聲嘹亮

1944 年美軍飛機失事調查隊攝於斯補小學，彈腳踏風琴的阿扎曲日是該校早期學生，在外學習後回來教書，包白帕者為成都中央軍校培訓結業後回來的蔣漢淺，聽琴的婦女為學校附近的村民

而整齊，劉文輝當即予以嘉獎。

　　嶺光電也努力把斯補小學的辦學經驗與模式推廣到其他「夷區」。他 1944 年擔任腴田特別政治指導區區長，列教育為第一要務，修起了校舍，聘好了教師，並借用了斯補小學部分桌凳。但身為政府官員，他無法也無能力像在自己的領地一樣使用強制手段，原擬招生一二百人，實際僅招來 15 人。[1]

　　理想目標雖然沒有達到，但嶺光電的辦學事業得到了社會各界的認可。教育部頒給斯補小學一等獎狀，到 1945 年國民政府又頒給他「嘉惠青年」掛匾。教育同時也帶來了他意想不到的結果，1950 年，當他在勸說下投誠後，解放軍第六十二軍一八四師馬上開歡迎會，設酒宴款待，並任命他為 184 師民族訓練班的主任。李仕安萬分不解，就問 184 師政委梁文英：「嶺光電是投誠還是起義？把他安排這樣高，還開歡迎會。」梁回答：「沒有嶺光電，我們寸步難行，他為我們培養了 200 多個翻譯。」李先生感慨道：

　　　　梁文英這麼一講，我就服了，共產黨的水平就是高，居然能從這樣的角度看問題，我完全沒想到。嶺光電一當民族幹部訓練班的主任，涼山這些有知識文化的人，許多都是嶺光電的學生，哪個不曉得嶺光電？都來了。那是 1950 年。一來就是一二百，梁文英好高興，叫我們派工作隊，每個工作隊配一個翻譯。沒翻譯，寸步難行。有翻譯，先去溝通，要不你

1　以上關於嶺光電興辦教育的情況參見阿扎木呷：《回憶開明土司嶺光電》，見馬爾子主編：《涼山民族研究》第 3 輯；蔣漢安：《嶺光電熱心教育》，載《新康報》，1946-11-13；嶺光電：《我在夷區實施建設的經驗》，載《邊疆通訊》，第 8、9 期合刊，1944；溫春來、爾布什哈主編：《嶺光電文集》（下冊），286~288、341~349 頁。

派軍隊都不行，人不多，馬上就被吃掉了。溝通了，人家就擺酒歡迎了。

嶺光電在涼山確實聲望卓著。1951 年，他到達雅安，此時，西康省主席是他昔日的結義兄弟。因為嶺曾是軍統，所以義弟請他把雅安參加過軍統組織的人的名單列出來。嶺不願意寫，義弟火了，將他軟禁，供給一日三餐，每月發給零用錢，但不讓他工作。後來西康要開省代會，義弟趕緊把他調往蘆山縣，因為涼山的代表們來雅安開會，看到嶺光電這個樣子，會生氣，到蘆山，看不到嶺光電，就沒事了。再後來，西南軍政委員會委員張沖來到成都，聽仕安先生講了嶺光電的情況，當即表態：「把嶺光電調到成都來，就說是我的意思。」嶺就到了成都，與妻子楊代蒂團聚了。講到這裏，李先生評論說：「嶺光電不出賣朋友，絕對值得交。張沖對本族人也真是有感情。」

嶺光電領地內的百姓，即便在 1949 年後嚴酷的政治運動中也對他高度忠誠。1966 年 11 月，甘洛縣方面組織人到成都，將嶺光電先抄家，然後揪回縣裏關押。在甘洛，他同縣上的「走資派」一起被遊街示眾，工作隊又送他回鄉，組織群眾批鬥。批鬥時，但聞眾聲喧嘩，彝、漢雙語交織，彝語表達的是關切問候，工作隊幹部們不明所以，他們只聽得懂用漢語喊出來的批鬥口號。有人高喊：「嶺光電過去壓迫剝削我們，今天還過着不勞而獲的日子，我們堅決不同意，堅決要求把嶺光電交給我們奴隸群眾監督改造。」工作隊見群眾階級覺悟高漲，就同意了。工作隊一走，百姓們立即圍到嶺身邊問寒問暖。在故鄉，他白天勞動，晚上輪流到鄉親們家中喝酒吃飯。[1]

1　參見阿扎木呷《回憶開明土司嶺光電》中的描述及爾布什哈的講述。

4. 三見蔣介石

家鄉的實際工作，並未妨礙嶺光電為給「夷族」爭取政治承認而努力。他的聲音，直接上達到蔣介石那裏。

在中央軍校就讀期間，嶺光電常常與全校同學一起聆聽校長蔣介石訓話，畢業後，又三次獲得蔣的接見。第一次是 1947 年，時值國民政府籌開行憲國大，「夷族」運動迎來了又一個關鍵時刻。上一年的立憲國大上，經楊砥中等人的努力，各民族在邊疆選出代表參加國大、立法院的條款成功入憲，但監察院、省參議院中卻並無相關規定。這一次，嶺光電決定擴大戰果。1947 年 4 月，他與諸葛紹武等 16 名土司，請寧屬屯墾委員會轉呈中央，在寧屬三四百萬「夷族」中，增加國民大會代表 2 名，參議員 2 名，以便將「夷情隨時上達」。[1] 接着，他又與傅正達、池永光和西康省立第二邊疆師範學校的青年學生劉世昌等人，發起組織「夷族青年聯誼會」，把在西昌工作和讀書學習的「夷族」青年組織起來，不久，會員就發展到幾百人。1947 年 6 月 26 日，聯誼會在西昌邊師正式成立，會上通過了章程，推選出理事會成員，以傅正達為總幹事，池永光為副總幹事，並向行轅和屯委會備了案。

聯誼會決定組織一個請願團到南京，爭取「夷族」作為一個民族的平等參政權；與此同時，向西昌、越西、鹽源、鹽邊、木里、普威等地的土司及上層人士發起募捐，籌集活動經費。6 月，嶺光電、吉紹虞、葛世槐、傅佩營四位土司，傅正達、池永光、羅正洪三位青年，以「西康省夷族參政請願團」的名義，前往南京。到南京後，相關代表名額已分配，9 月 13 日，嶺光電等人在介壽堂召開記者會，

1　參見《十六土司代表籲懇：夷人要求參政》，載《新康報》，1946-04-01，第 2 版。

要求明定「夷族」在監察院與西康省參議院的名額，並將立法委員增至三名，國大代表也應按人口比例酌量增加。

此時的嶺光電，已頗具社會聲望，馬學良、馬長壽、衛惠林、徐益棠、莊學本等眾多著名學者都對他表示支持，他也得到了許多官員的同情。在南京，經國民政府機要室專員沈重宇的幫助，嶺光電於8月25日見到了蔣介石。見面時間總共15分鐘，看起來很短，但其實已經超時了，一同在場的還有嶺不認識的三個陌生人。寒暄過後，嶺就滔滔不絕地講開了，當預定的時間已到，三人緊張地從沙發上站起來，似要下逐客令，蔣介石擺擺手，他們又坐了下去，這樣才給了嶺光電15分鐘的講述時間。講完後，嶺光電又呈上了請願書，蔣說了一句「交下辦理」，然後站起來握手，蔣沉默了約一分鐘，發話說「多同賀元慶（賀國慶）聯繫」，嶺氏鞠躬告退。中央政府對請願書的批覆是，將以行政方式支持「夷族」代表當選。

10月9日，內政部部長張勵生接見了請願團一行，表示：第一，已籲請國民政府，明令規定「夷族」省參議員名額，以符合民族平等之精神；第二，國大代表及立法委員名額，已簽請准予增加，或另採補救辦法；第三，參加監察院一節，准許在西康省所分配的五名代表中，由「夷族」佔一席。以上各節，已由內政部簽請國民政府轉立法院核議。

最後，在劉文輝支持下，嶺光電當選為立法委員。然而，國民政府對民族請願一事始終心存疑慮，蒙藏委員會就表示：「如盡使前來中央請願，則恐蔚為風尚，將致國內各省區原無問題之少數民族，轉生枝節。」請願團回來後，在行轅的禁令下，夷族青年聯誼會即宣告解散。

嶺光電第二次獲蔣介石接見，是1948年參加立法院會議了。在毛人鳳帶領下，保密局系統的立法院代表7人，一齊晉見蔣。在軍事

1947 年 8 月，西康省夷族參政請願團在南京期間，嶺光電、羅正洪在金陵大學與該校教師合影

委員會一個不大的辦公室裏，蔣身着黃呢制服，微笑着和他們握手。談話沒有實質性內容，也就是介紹、勉勵、表態而已。後來蔣問大家有何意見，因為毛人鳳事先交代過不必講什麼，所以眾人皆答稱「沒有」。嶺光電認為機會難得，忍不住說：「蒙藏會是辦理全國邊民事務的機構，應該改為『邊政部』，也該有夷人參加。楊砥中信仰三民主義，擁護校長，又是夷人，我推薦他參加；西康省夷務，宜由孫子文來負責，他是夷人，熟悉夷情。」不管毛人鳳的眼神示意，他一直把話講完。蔣答稱此事以後再商量。這是一句中國官場中最常見的套話，接下來自然不了了之。不過，嶺光電坦承：「我這個土司能再見到心目中的皇帝，倒是值得向別個土司炫耀。」

　　這次立法院會議，有一項議程是起草省自治法。自治法草案中並未規定土著民族在省參議會中的名額，嶺光電帶頭與組長羅貢華激烈辯論，終於在草案中加入「凡住有上述民族之省縣，得按土著民族人口多少，住區大小，省裏議會設適當的土著議員名額」的條款。當時川、康、滇、黔、湘、桂的土著民族共有 6 位立法委員，其中雲南的安恩溥係以雲南地方代表而非土著民族代表的身份當選，與羅貢華辯論之時，他因不願顯露「夷族」身份而缺席。[1]

　　最後一次見蔣時，國民黨政權已經日薄西山。1949 年 9 月，在林木森森的重慶黃山官邸，蔣介石接見了嶺光電與楊砥中。談了 20

1　以上敍述參見溫春來、爾布什哈主編：《嶺光電文集》（下冊），331~334、364~366 頁；趙崢：《邊地攘奪與「少數民族」的政治建構：以民國時期西康寧屬彝族問題為中心》，113~118 頁；《康省倮族代表嶺光電昨來京》，載《建設日報》，1947-07-21，第 1 版；《夷族請願事項已得滿意答覆》，載《西方日報》，1947-10-11，第 1 版；《康夷族參政請願，讓當局增名加額》，載《建設日報》，1947-09-14，第 1 版；羅正洪、傅正達、劉世昌：《川康彝族青年革命先鋒隊始末》，見中國人民政治協商會議西南地區文史資料協作會議編：《西南少數民族文史資料叢書·政治卷》，拉薩，西藏人民出版社，1997。

多分鐘，楊砥中滔滔不絕，嶺光電則幾乎沒有說話，只是表態：「擁護領袖，終生不渝。」蔣介石疲態盡顯，說了一句「革命已到緊急關頭，望同志們加倍努力」，然後二人告辭，蔣目送他們離開。

很快，嶺光電就走到了仕途的頂峰。大西南被蔣介石不切實際地寄予了絕地反擊的希望，嶺光電深受胡宗南重視，於 1950 年 2 月被任命為第二十七軍少將副軍長，次月又兼任「西南反共自衛救國軍」第三路副總指揮。不過一切都只是曇花一現，1950 年 4 月初，隨着解放軍第六十二軍一八四師部隊快速推進到西昌，他在解放軍的動員下投誠。率部歸順的途中，但見群峰綿延，列列入目，嶺氏觸景生情，心中五味雜陳，投誠雖對「夷人」有益，但「隨人浮沉，朝秦暮楚」，「滋味頗覺難受」。[1]

八、李仕安[2]

民國時期，嶺光電、曲木藏堯、李仕安是涼山地區非常勤於筆耕的三位彝人。曲木藏堯於 1942 年英年早逝，嶺光電也於 1989 年駕鶴西去，李先生的下落我則一無所知。2007 年的一個秋日午後，利用「百度 +114」的辦法，我終於知道了他在四川雅安市政協離休，並順利拿到了聯繫方式。當電話中傳來他的聲音時，我恍如穿越了時空，我是在與一位歷史中的人物通話呀！彼時我正在中國國家圖書館查閱資料，便毫不遲疑地放下了在北京的工作，立即購買了前往成都

1　以上敍述參見溫春來、爾布什哈主編：《嶺光電文集》（下冊），354~363、367~368 頁。

2　本節凡未註明出處者，均來自李仕安先生的口述。

的機票。

　　那一年，李先生已 95 歲，但耳聰目明，精力充沛，步履穩健。此後有幾年，我每年都會專程去雅安拜訪他，隔着 60 年的人生距離，我們就他那個時代、他的生命史、他的論著、他的朋友們開懷暢聊。他端着酒杯，口若懸河、滔滔不絕，我一邊傾聽一邊提問，一天的時光就在不知不覺中流逝。我們聊得最長的一次，是從上午 9 點多聊到晚上 9 點，中餐、晚餐都在家中吃，就餐時話題也未曾中斷。老先生記憶力驚人，六七十年前的往事，他娓娓道來，無數的細節記得清清楚楚，同我所掌握的史料和諧共鳴，形成一部令人心醉的交響樂，廿載讀史，從未如此酣暢淋漓！他的所述當然遠遠超出了我的閱讀所及，為了檢驗其中是否夾雜着有意無意的刪添修飾，除了文獻校驗外，我會有意重複一兩年前的老問題，而他的回答居然驚人的一致。當然我也判斷出他的講述中有個別細節錯誤，但這完全無礙於整體上的可靠性。他也很少用事後的道德規範與政治正確去合理化自己的過往，回憶往事時，他常說：「當時我就想，我把這件事做成了，就可以出一個大大的風頭。」「我就是想做官。」「我這人確實很精。」他說自己 1947 年進入華西大學後，想到美國去，動因就是聽說在美國賺錢很容易。2010 年的一個冬日，他手寫筆畫，將涼山 100 多個彝族家支的名稱、地理位置呈現在一張紙上，我歎為觀止，而他時年已九十有八。

1.「白夷」糧戶

　　李先生給我講述的家史，一直上溯到雍正八年（1730）。按照歷史學的規範，追溯到這個時期的口述資料，只能視為傳說或歷史記憶。然而，令我驚訝的是，李先生的口述，與我從大量史料中精心考辨、分析所得出來的歷史，竟然若合符節。我不敢保證他講的所有細

李仕安 90 歲生日照

節都有根據，但我確認他講的東西具有總體上的可靠性。關於他的家世，我不用任何修飾，直接將他的一段話引述如下：

　　雍正八年，中央政府才將雷波正式納入版圖。雍正九年改土歸流，把土官改為流官，漢官來管雷波。雍正十年，雷波升科報糧，有土地的人，都來報，報了發一個紅契，說明這塊土地是你的。你要給國家上糧。但很多家，其實沒有報，我們家，大概過了六七十年，到了嘉慶皇帝時才去報的。我們家是大地主，直到現在那裏還有李家山、李家灣。嘉慶時，我們有一位老祖宗叫李玉林的可能想通了，他才去改漢姓，去報糧，原來漢姓都沒得，報糧，就是說我有多少地方，每年該給國家上多少斤糧。所有紅契都寫的是李玉林的名字，為啥？其實是他爸爸報糧，寫的是他娃娃的名。從那時起，我們就開始讀書了，到我才六代。那時糧戶很重要，不是糧戶就沒得地位，一定要在國家上糧納稅的，才叫老百姓。老百姓就可以讀書，考秀才了。我們小時候，家裏有時會把紅契很驕傲地翻出來看。我們家是土不是田，我還是小娃兒的時候，每年都要去上黃豆，如果是田，就上穀子。揹起黃豆，到國家的倉庫裏頭去上糧。到了民國十幾年，北伐以後，蔣介石到了，才把雷波的徵糧改成錢，就不揹黃豆、大豆去上了。我們小時上糧好好耍，上完了剩了幾升，我們還可以去館子裏頭吃一頓。（笑）

　　李先生的話告訴我們：即便設了漢官之後，仍然有許多非漢人群沒有升科納糧；所謂升科納糧，也不是根據實際測量的土地畝數來繳稅，而是根據自己報的田土數目；報了糧，在國家那裏得到承認，就是老百姓了，就有地位了。李先生一家，像明清時期西南千千萬萬

的非漢人群一樣，就這樣進入了王朝「版圖」。到李先生的父親李萬鍾時，他已精讀了四書五經，雄心勃勃準備去考秀才，但恰逢清末新政，科舉廢除，只得遺憾作罷。

李先生家乃上層「白夷」，是阿卓土司家的頭人。阿卓土司原駐牧於今美姑縣覺洛鄉帕古村，居大涼山腹地。明洪武四年 (1371) 賜楊姓，管轄着美姑境內的覺洛、西甘薩、井葉特西等地和雷波縣的大片地區。隨着「黑夷」勢力逐漸強盛，土司權威被日益削弱。明代中期，阿卓土司與「黑夷」恩扎家發生糾紛，打死恩扎家一「黑夷」，遭到恩扎家支的攻打，被迫遷住西甘薩。清康熙四十三年 (1704)，阿卓土司家又遭到恩扎家和阿侯家的聯合進攻，遂遷住雷波縣千萬貫，清末，又從千萬貫遷至雷波城北大旗山下柳口寨居住 (今雷波縣錦城鎮境內)，民國初，遷進雷波縣城。阿卓土司遷出美姑後，所轄地方名義上仍歸其管理，實際已被恩扎等「黑夷」佔有。[1] 李仕安的祖上，跟隨着土司遷徙，到他父親李萬鍾時，已經住進了雷波縣城，當時的土司是楊先烈，彝名阿卓格足阿哈。

整個涼山社會四分五裂，各土司內部的權力結構也有所不同。李先生說：「阿卓土司家，頭人為大；沙瑪土司家，百姓為大；嶺邦正家，百夫為大；只有布拖，黑彝為大，土司下面，黑彝為大，沒有平民。」作為阿卓土司屬下四大百姓之首席頭人，李家享有不一般的地位，「黑彝到雷波土司家，是沒有座位的，但我父親到土司家去，要坐高板凳」。李先生的父親得到尊重，可能還有一個原因，即他精通漢語，熟讀漢書，是土司的師爺，也是其女兒楊代蒂的老師。為了讀書，代蒂在李家住過兩年，同李先生的妹妹李秀安一起學習。土司依

1　參見四川省美姑縣志編纂委員會編：《美姑縣志》，535、695 頁，成都，四川人民出版社，1997。

據輩分來稱呼頭人，楊代蒂就一直喊李仕安為「四爸」。這其實也是涼山的普遍情況，雖然等級貴賤與身份界限不可逾越，但「黑夷」也常常用親屬稱謂來稱呼自己的「白夷」百姓。

2. 生活中的族群體驗

在雷波，李先生從小就深刻體會着「夷」、漢之間的界限。「我們是土司家的頭人，全縣都知道我們這家彝族。」幼時在學校，他沒少因為這個與漢人同學翻臉，「有同學罵我蠻娃兒，我那時好嚇人，打把小刀，誰喊我蠻娃兒我逮到就打，半年就把他們征服了，沒得哪個打得贏我。老師打過我，捶我屁股，因為我把同學打傷了。學校就我一個彝人娃兒，彝人好落後。」講到這裏，李先生又補充了一句：「其實娃娃兒吵架很正常，我當時的朋友都是漢族娃娃。」

李先生所受的教育在雷波可謂首屈一指，遠非一般漢人子弟所能及。他 4 歲在私塾發蒙，除學習儒家經典外，還跟着堂姑父胡占榮學習彝文，9 歲能背誦《論語》，14 歲讀完四書五經，15 歲考入縣立官學堂讀書，16 歲高小畢業，因雷波沒有中學，於是進補習班讀了一年的幾何、代數、物理、化學等中學課程，然後就休學在家了。當時他情竇初開，喜歡上了漢人女孩，備嚐痛苦，「我喜歡的女娃兒不能嫁給我，因為漢彝不通婚。我十七歲了，喜歡我的，我喜歡的都有」，這成為他離開雷波的原因之一。1930 年冬天，一位雷波籍的郭談如老師要到成都就職，見李仕安先生聰明伶俐，便帶他到成都去見世面。在寒風凜冽的成都街頭，17 歲的他站在四川省陸地測量學校的招生廣告前，久久不願離去。雖然只學了一年中學課程，但他竟然考入了該校地形科。在學校，他成績優異，1932 年畢業，工作了三年，又於 1935 年 11 月入讀中央陸軍軍官學校成都分校。一年後畢業，他進入川軍鄧錫侯部工作，四年後，他被四川省教育廳委任為四

川省立雷波邊民小學校長，回到了闊別十年之久的故鄉。這時，他已成婚，太太畢業於成都第一師範。「這個學校號稱『姨太太養成所』，70% 的學生都嫁給官僚的兒子，我公然在裏面搶了一個。生了娃娃，帶回雷波，就是要讓你們看我同漢人通婚。」李先生衣錦還鄉，夾雜着絲絲快意。代價當然是有的，他娶漢族女子，開明的父親總算接受了，但舅舅家非常生氣，要開除他。處於「夷」、漢雜居，風氣相對開明的雷波縣城一帶，他是幸運的，如果是在涼山腹地，異族婚姻帶來的可能就是流血事件了。

雷波縣的大片區域，彼時還控制在「黑夷」手中，為國家政令所不及。當年林耀華從今西寧鎮地方往南進入雷波縣城，兩地相距不遠，也就一日行程，但「中隔夷區不能通達」，只得繞道 410 里，歷五六日方才抵達。[1]1944 年 6 月 8 日，美國飛虎隊軍機墜毀在今雷波縣咪咕月兒坡，機上 11 名美國人下落不明，中美兩國政府要派人去營救。西昌與雷波近在咫尺，步行四五天怎麼都可抵達，但隔着「夷區」，通行困難，需不斷請保頭，費時費力。無奈之下，李仕安與美軍上校穆雷等人，從西昌坐飛機飛越喜馬拉雅山，沿「駝峰航線」抵達印度，再從印度乘機至昆明，然後坐汽車到雲南昭通，再從此處步行數日前往失事地點。[2]彼時國家對涼山「夷區」的控制情況，可見一斑。

雷波縣城內，「夷戶」稀少，縣城附近，「夷」漢雜居。林耀華到雷波時發現「邊地居民多懼夷人」，但實際情況是「夷人為害並不甚

1　參見林耀華：《涼山夷家》，118 頁。

2　詳情請見李仕安先生的《昌印途中》。此文分十餘次連載於 1944 年 9 月、10 月、1945 年 3 月的《新康報》第 4 版。

在雷波咪咕尋找飛虎隊失事飛機時的合影，從左至右分別為安登文土司、美空軍上校穆雷、李仕安

多，而夷漢勾結為害者更多」[1]。仕安先生則對我提到了雷波城內的漢人精英是如何「耍蠻子」的：

> 漢人殺彝人，我們也殺漢人。漢人殺彝人我覺得心痛，彝人殺漢人我覺得討厭，彝人也討厭得很。漢人中最可惡的就是城裏的紳糧，這些士紳，把黑彝弄來當乾兒子，黑彝為了能進城，就給城裏的紳糧當乾兒子，回去照樣殺人搶人。那時叫「耍蠻子」，還有一個叫「發蠻財」，你給他當乾兒子，難道不給他上壽？所以雷波，邊地有兩句話叫：耍蠻子，發蠻財。你那些紳糧，只是收點租子，不耍蠻子，財從哪裏來呢？城裏面的紳糧，像雷波的甘劉郭謝四大家族，漢人，他們就耍蠻子，這些彝人給他們上壽。

「夷」、漢之間，除了搶掠之外，也存在着一種共生關係。涼山「夷區」有四大需要，即鍋、布、鹽、鐵，但均無法自給，需要從外地販遠，所以「夷人」也會保護着一些漢人，讓他們做這些生意，不會輕易搶掠他們。憑藉自己精通「夷」漢情形的有利條件，李先生在當校長之餘，與一個姓文的，一個姓甘的，一個姓郭的，在城裏租了兩間舖子，也做起了鍋、布、鹽、鐵的生意，兼賣點燒酒。

校長當了才半年，省府決定撤銷雷波、馬邊、屏山、峨邊數縣的邊民小學，改在馬邊設立邊民生活指導所，調李先生任所長。這盆冷水潑滅了他的教育熱情，而他與雷波縣的漢人士紳又發生了矛盾，結果就被迫離開了雷波。他回憶說：

1　林耀華：《涼山夷家》，121 頁。

　　雷波要成立縣參議會，我就提，彝人應該佔 4 個名額，雷波彝人比漢人多，你漢人幾十個參議員，我彝人佔 4 個多不多？不多。為啥只提 4 個，因為沒得合適的人選，如果有 5 個人，我就提 5 個。我就提了 4 個，漢人說，你們蠻子，要跟我平起平坐來開會，通不過，就轟我，轟得我沒得辦法，縣長曾是中央軍校教官，金華人，雖然他沒教過我，我都喊他王老師，這個人還公道，最後他就勸我離開。那是 1941 年，我就離開雷波了。我後來在詩中寫：「有子皆煙友，無男不袍哥。聊天談別事，勿用話雷波。」就是因為雷波很多事情都令我不舒服，當年跟漢人女孩談戀愛不行，現在又轟我走。雷波人幾乎都吸鴉片，袍哥也非常普遍，所以我的詩那樣寫。

　　三年後，在西昌，仕安先生又與西昌行轅政治部的賀理陽激烈辯論縣參議會中的「倮族」代表問題。賀氏稱「倮羅」沒有參政所需的常識與能力，須將老的、不好的「倮羅」加以「十年剿撫」，然後再用「十年教育」，等「小的長大」且學會「行使四權」後才能參政。現在即便其中有少數出類拔萃者，也應該在所在縣份參選，而不是給予專門名額。李先生以自己在雷波的經歷現身說法，指出賀氏的「邊民在各住在縣競選」不具備可操作性，漢人士紳們也決不容許「青年倮羅與之分庭抗禮」，「縣參議會上尚不容分庭抗禮，國會上豈會容一般人目為『犬羊』的倮羅代表一縣的『黃帝子孫』發言嗎」？因此，「如果需要邊民參政，是要指定區域，規定名額才行得通的，否則還是只好把倮羅置之化外，使他沒有代表為自身利害發言」。[1]

1　參見趙崢：《邊地攫奪與「少數民族」的政治建構：以民國時期西康寧屬彝族問題為中心》，111~112 頁。

3.《白夷解放宣言》

　　離開雷波後，在一位同鄉介紹下，仕安先生前往雅安晉見了劉文輝。劉文輝當時急於找一位「夷人」到西昌輔佐其姪子劉元瑄，見到李仕安後大喜過望，立即委任他為中校參謀，派他到西昌屯委會服務。此後的八年，他的前途與劉文輝緊密聯繫在一起，迎來了人生的輝煌階段：當過寧西特區區長（相當於縣長）、國大代表；在各種報刊上發表了大量文章；成為《新康報》的主筆，在成都參與創辦《西方日報》並常常為該報撰稿；萬里奔波，營救美國飛虎隊飛行員；進入華西大學讀書；跟隨劉文輝起義；向賀龍獻上解放軍急需的涼山地圖；在賀龍介紹下加入中國人民解放軍，等等。這一系列的輝煌既出於個人的選擇，也夾雜着諸多偶然與被動因素。我問他，從沒想過跟行轅、跟中央走前途會更好嗎？李先生回答說：

　　　　這個要因人而異了。我覺得蔣介石的場子太大，江浙人有權，人多。你要是江浙人，最少也是江蘇人才好辦。四川人你跟他處得攏？當個少校、連長、營長，連他的氣氛都聞不到。我讀過中央軍校，還是成都分校，不是南京的。你還是個蠻子。我跟劉文輝，馬上就貼心了。現在講起來，我還是狡猾的，抓得住重點。跟劉文輝好，一來大家都是四川人，二來我懂彝話，是彝族，懂漢文。曾昭掄寫了一本書，中間有一段寫「一位精通漢情的彝胞」，就是我。精通漢情的彝胞，我在涼山，好吃香啊。我跟你蔣介石幹嗎。

　　站在更廣闊的人生舞台上，李先生對自己的族群身份有着不一樣的體驗以及更高層次的奮鬥目標。本書前面出場的幾位主人公，大

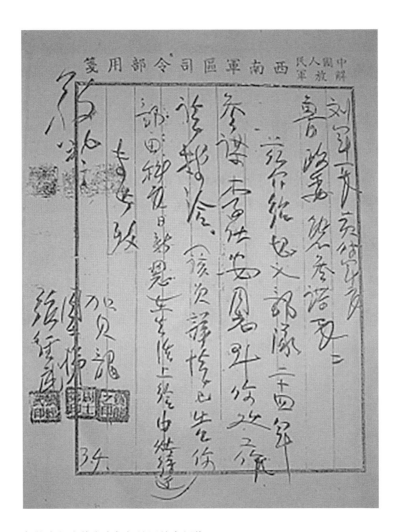

賀龍介紹李仕安參加解放軍的介紹信

體上是要求作為整體的「夷族」的政治承認，而李先生卻明確提出了黑、白「夷」問題。1945年11月，他發表了《白夷解放宣言》，其論證思路如下。第一，證諸歷史，受壓迫民族的抗爭是天經地義的。元朝建立中央政權、清軍入關，漢人照樣可以主宰軍國大事，但漢人仍要「殺韃子」「驅除韃虜」。第二，「白夷」所受的「黑夷」的奴役，程度上遠較漢人所受的異族奴役為烈。黑、白「夷」原本是平等的，兩者為爭昭通發生了戰爭，「黑夷」在大理國的幫助下打敗了「白夷」，從此開始了奴役「白夷」的歷史。「白夷」不但被剝奪了主宰軍國大事的資格，而且喪失了做人的權利，與牛羊一起被當成財富計算，處處皆受歧視。皇帝尚且與百姓通婚，中國人也可與外國人通婚，但「黑夷」卻絕不與「白夷」通婚。第三，因此，反抗「黑夷」統治是天經地義的，也是必需的。第四，「黑夷」「白夷」都是中國老百姓，沒有什麼主子與奴隸之分。「黑夷」之所以被政府尊敬，主要是有忘了根本的「白夷」為其後盾。「因為我們聽黑夷支配，所以政府便重視黑夷，他抓住黑夷便能掌握白夷」，如果「白夷」不受「黑夷」支配，那政府就一定會重視「白夷」。因為「白夷」的人口超過「黑夷」十倍，而且「白夷」早已與漢人混血，所以「白夷」大膽起來求解放、爭平等，一定會得到政府的幫助。第五，黑白「夷」的人數決定了「白夷」的解放鬥爭一定會獲得勝利，只要「白夷」提出爭平等自由的口號，聰明點的「黑夷」便會放下身段與「白夷」稱平等，因為那樣他還可以保有部分財產及生命。

　　論證了「白夷」解放的必要性與可行性之後，李仕安接着提出了具體的步驟與措施：首先，各地「白夷」分別聯盟，各自選出領袖3~5名；其次，各地領袖負責向政府及漢族呼籲；最後，向「黑夷」提出解放之意。手段方面，戰爭、和平、和戰並行，因人而異，視「黑夷」的態度而定。解放的目的包括三個方面：廢除階級，與「黑夷」脫離

主奴關係，允許雙方青年男女自由戀愛；確定黑白「夷」之間對於土地等財產的產權，原則上實行耕者有其田；「白夷」直接歸政府管理。最後，李先生動情地呼籲：「我們的祖先正盼望我們一洗奴隸的恥辱，我們的國家正盼望我們向新生的路上前進，我們的情人 —— 黑夷姑娘更在那裏期望着打破階級後與我們度自由甜蜜的生活哩！努力吧，白夷同胞們！」

　　「白夷」由政府直接管理，既達到自身解放之目的，又能給政府帶來實質利益。配合這一行動策略，李先生提出了四大口號：第一，打倒統治「白夷」的「黑夷」；第二，爭取自由平等；第三，擁護中央政府；第四，大中華民國萬歲。[1] 希望政府支持的訴求，更直接地表達在《籲請政府及漢族同胞》中，在該篇中，李先生也抱怨了「夷族」得不到承認的現狀：

　　　　誰都知道，中華民國是漢、滿、蒙、回、藏五族共和的國家，但同時又誰都知道，中華民國的西南川、康、滇、黔、湘、桂、粵幾省有着一些所謂夷、苗、黎、傜、僮、僚的民族……（很多人認為他們）不是共和國的組成分子……是野蠻人，不該在堂堂華胄的中國人之列。

　　該文同樣連載於《新康報》[2]。發表之後，李先生意猶未盡，又寫了《告夷族同胞書》，呼籲所有「夷族」奮起自救，廢除不良習俗，建設經濟，學習技術知識。[3]

1　參見李仕安：《白夷解放宣言》，載《新康報》，1945-11-02 至 1945-11-04，第 4 版。

2　李仕安：《籲請政府及漢族同胞》，載《新康報》，1945-11-05 至 1945-11-10，第 4 版。

3　參見李仕安：《告夷族同胞書》，載《新康報》，1945-11-11 至 1945-11-13，第 4 版。

　　李先生提出的「白夷」解放，若能實現，將實質性地擴大政府在「夷區」的統治權力，策略不可謂不巧妙。但他沒有意識到，面臨着共產革命威脅的國民政府，更加難以容忍的是下層人民的「造反有理」，他寄望政府的設想，可謂一廂情願。文章發表60多年後，李先生對我說：

　　　　我有兩大未遂願望：一個是組織涼山彝人抗日軍，那個沒成功；第二個就是《白夷解放宣言》，放了空炮，也沒成功。寫好後，我先寄給《大公報》，《大公報》退了稿，好像是說，抗日戰爭勝利了，國家剛剛平靜，為了穩定後方，我們不講這個話題。沒辦法我就只好在《新康報》發表。編輯一看就勸我說：「幹不得，涼山哪個不認識你？這樣對你不好。」是的，涼山有四大白彝，四大白彝我算一個，包括黑彝和土司，哪個不曉得我？他的名字我不曉得，他也曉得我，我當時就有那麼狂妄。嶺光電也說：「幹不得。」但我的想法是，我已準備離開西昌，得罪完你黑彝也不怕，如果我繼續在西昌，當然就不能得罪他們。發表《白夷解放宣言》過後大概兩三個月，我就離開了。其實黑彝也不大可能知道，哪個讀這篇文章呢？還是白彝。黑彝中當時幾乎沒人讀書，就有這樣落後。讀過書的嶺光電的那些學生，都是白彝，他們讀了，不管同不同意，總之我是代他們說話。

　　系列文章發表後，當時接受過教育的「白夷」中，有十多位致信李先生表示擁護和支持，其中包括中華人民共和國成立後當了金陽縣縣長的蔣大倫、孫學剛。「黑夷」好友羅正洪也表示要帶頭解放自家的奴隸。成、渝等地一些有影響力的報紙如《新新新聞》《建設日報》

也報道了「白夷」要革命的消息。西昌行轅祕書劉希武聞訊，親自到李先生家中，質問他為何要寫這樣的文章。行轅主任張篤倫甚至對劉元瑄說：「《新康報》內有共產黨。」[1] 張篤倫猜得沒錯，可惜想像力還不夠，實際情況比他以為的要嚴重得多。《新康報》及其後身《西方日報》，從編輯到印刷工人，地下黨員比比皆是，但李先生不在其中。兩份報紙的大老闆都是劉文輝之姪劉元瑄，叔姪二人對共產黨滲透的情況心知肚明，默不作聲。據傳劉文輝私下曾說：「得罪蔣介石，沒有今天；得罪共產黨，可能沒有未來。」

李先生解放「白夷」的未遂願望，在中華人民共和國成立後很快就實現了。他說：

> 　　共產黨來了後，白彝是最大的力量，為啥子這樣說呢？黑彝不上學，當翻譯當啥子這些都是白彝。解放軍派工作隊，翻譯是白彝，你說白彝替黑彝說話還是替白彝說話？所以黑彝吃虧。解放後民主改革，黑彝就被打倒了，第一個就是推翻奴隸主。黑彝裏頭百分之九十幾都是奴隸主。但黑彝中也有沒得奴隸的，有家裏面很窮的，這種就叫勞動奴隸主。

講到「勞動奴隸主」這個提法[2]，李先生笑了許久。他又說，涼山彝族奴隸社會這個說法，是郭沫若定的調，這不只是一個學術問題，因為：

1　李仕安口述，馬林英撰寫：《百歲人生川康史：彝族老人李仕安口述記錄》，215 頁，北京，民族出版社，2014。

2　按：民主改革中，涼山彝族社會劃分了奴隸主、勞動者、半奴隸、奴隸四大階級，沒有勞動奴隸主，或許在討論時提過這種身份，姑且存疑。

李仕安（1950年隨軍進西昌時的照片）

　　解放後，涼山要實行民主改革，誰是鬥爭對象，誰是朋友，誰是我們自己，這是肯定要解決的問題。漢區嘛，打倒地主，團結中農，涼山就要定這個調，不定調不行。所以就定涼山為奴隸社會，有政策上的需要。

4. 邊民的呼聲

　　講到郭沫若，李先生說：「我是認識他的。」1940 年，他與幾個「夷人」青年，披着擦爾瓦，從峨邊乘船，到樂山沙灣時，船夫說要裝米，至少需兩小時，讓他們上岸休息。他想，郭沫若就是沙灣人，便去訪他，正逢郭沫若父喪家居，他自我介紹後，對郭說他讀過郭的書，講了一通。郭很驚訝：想不到涼山「夷人」也有讀他的書的。高興之餘，郭沫若拿出酒來，他也就趁勢與郭高談闊論。仕安先生性情之豁達開朗，毫不怯場，大率如此。他還向我描述認識于右任的場景。1948 年在南京開國大，他與一些川、康籍代表同遊秦淮河，上船一掀開布簾，發現于右任長鬚飄飄，正與朋友們開懷暢飲。生性好酒的他馬上上前，拿起桌上的美酒自斟一碗，對于右任說：「美髯公，我代表夷族同胞敬您。」于氏大笑，賓主盡歡。

　　仕安先生也深深記得他見蔣介石的情景，我們是從一篇《邊民的呼聲》談起此事的。1945 年 9 月底，蔣介石偕夫人宋美齡巡視西昌，正好《新康報》的機器壞了，原擬停刊 10 天左右，聽說蔣來了，連夜搶修。10 月 1 日，報社總編輯許成章來找李先生，請他撰稿。李先生深知機會難得，當即應承，寫了《邊民的呼聲》，報社又單獨為他印刷該文 100 份。「許成章為何要找我呢？我同他關係好。《新康報》的頭條我寫了很多，許成章經常給我打電話：沒得頭條了。我就趕緊寫。主要就是彝人搶漢人，殺了多少人，燒了多少房子，這些頭

條消息，我不曉得寫了多少。」

《邊民的呼聲》明確指向西南非漢人群的政治承認。文章一開頭便暗貶實誇，聲稱川康邊區的「倮羅」對抗戰貢獻甚少，僅僅參加了修築樂西公路與建設西昌小廟機場云云。接着又說抗戰勝利了，國家將履行諾言，實現國內各民族一律平等。而「倮羅」在中華民族中，稱得上是一個大宗支，分佈在雲南的有三百多萬，川康約二百萬，貴州約八十萬，廣西五六萬，再加上同族而形式上分了家的苗族、彝族、黎族等，總人數在三千萬以上，遠較滿族、蒙古族、回族、藏族為多。因此國家不應忘記他們，要教育他們，使用他們，而現在國民參政會中沒有他們，縣參議會中沒有他們，全國代表大會沒有他們，幾乎所有的機關都在歧視他們。「一縣幾萬漢人，省參議員代他說話，一個職業團體，也有代表代他說話，但我們二百萬人卻完全成了啞巴，沒有地方訴苦！」[1]

《邊民的呼聲》是寫給蔣介石看的，所以並不長，只有 1,100 餘字。文章發表後，如何能「上達天聽」呢？仕安先生找劉元瑄幫忙。正好 10 月 5 日行轅主任張篤倫為蔣舉行宴會，劉元瑄作陪，就把李先生也帶去，在望遠室進見了蔣。進見之前，先見到蔣的侍從室主任俞濟時，他趕緊把報紙遞過去，說：「我是軍校學生，《邊民的呼聲》是我寫的，費心，請轉呈校長一閱。」蔣落座後，俞果然遞上報紙。「不過，我注意到蔣並未翻閱，只是把它放在茶几上。」李先生回憶說。

張篤倫還安排彝族青年為蔣獻上節目，他們唱着民族歌謠，載歌載舞，由李先生將歌詞翻譯給蔣氏夫婦。所謂「翻譯」，其實就是即興創作，因為那些抒發男情女愛的歌詞實在不夠應景，所以李先生

1　李仕安：《邊民的呼聲》，載《新康報》，1945-10-03，第 4 版。

「翻譯」為讚美蔣宋，稱頌太平的頌歌，並且煞有介事地對蔣説：「彝語中沒有『委員長』一詞，他們是把您稱為皇帝。」三年後在南京開國大競選總統，為了給丈夫拉票，宋美齡在會場門口與代表們一一握手，李先生身着民族服裝，緊緊握住宋氏的手不放，説：「夫人你還記得我不？你在西昌時，彝族獻歌獻舞，我當翻譯。」宋美齡回答説：「記得，記得。」講完這段經歷，李先生大笑：「我那時還是狡猾的，和她説點話多握一會兒手，讓記者可以拍照，藉此擴大我的影響嘛。」

5. 國大代表

李先生當選國大代表的過程非常有趣。那時他剛剛進入華西大學鄉村建設系，他坦言，自己沒上過高中，未必考得上，通過劉文輝的關係，教育部直接安排他讀華西大學。1946 年，經楊砥中等人的努力，已明確國大代表、立法委員中應有「由滇川黔康湘桂六省土著民族選出之代表」。這一成果被吸收進此年頒佈的《中華民國憲法》，但表述上有變化，「土著民族」的提法被刪除了。在論述國民大會時，對非漢人群的代表有三條規定：一條是「蒙古選出代表，每盟四人，每特別旗一人」；一條是「西藏選出代表，其名額以法律定之」；一條是「各民族在邊疆地區選出代表，其名額以法律定之」，此條顯然不僅適用於上述六省，而且也涵蓋了滿族、回族二族。[1]1948 年召開國大時，情況又稍有變化：蒙古代表 34 名；西藏代表 24 名[2]；「邊疆民族代表」有 11 名，其中，雲南 4 名，西康 3 名，四川 2 名，廣西 1

1　參見《中華民國憲法》，見中國第二歷史檔案館編：《國民黨政府政治制度檔案史料選編》（上），613~632 頁，合肥，安徽教育出版社，1994。

2　因為中央政府尚不能直接控制西藏，所以西藏代表實際上是在暫時旅居內地的藏族群眾以及西康、青海、甘肅、雲南的藏族群眾中選出。

名，湖南 1 名；「內地生活習慣特殊國民」代表 11 人，這指的是回族群眾；「邊疆民族滿民」17 人。[1] 顯然，滿族與回族事實上被單列。

李先生是四川邊疆民族國大代表，但這與他籍屬四川雷波縣並無必然聯繫。在戶籍制度並不特別森嚴的時代，在偏遠的川康邊地，李先生想當西康省代表同樣可行，而且劉文輝也明確表達了此意。李先生說，當時川康的邊疆民族代表，談不上真正的競選。這倒不是執政者有意阻攔，而是廣大的「夷人」，當時根本沒有這個意識。他們中的許多人，游離在國家的控制之外，政府能管轄的「夷人」，也都基本不讀書，「涼山那些彝族，也不曉得當國大代表有什麼意思，所以哪個當都可以」。在這種情況下，國大代表與立法委員，主要就是在寥寥可數的若干位彝人精英中選擇。李先生最初想當立法委員，為此楊砥中還在重慶幫助他辦過記者招待會。後來劉文輝對他說：「你當啥子立法委員哦，要當國大代表。立法委員不能兼職，你這麼年輕，當立法委員還能做什麼？學啥子東西？立法委員要歲數大的，你當國大代表。」李先生就改變主意了。

當時國大代表候選人有「政黨提名」與「簽署提名」兩種，前者由國民黨、民社黨、青年黨分頭提名推薦和介紹人選，並且規定在某些地區，民、青兩黨的提名代表保證當選；後者即凡能有 500 人以上簽名推舉的，都可參加競選。劉文輝以政黨提名的方式，讓李先生當西康省昭覺縣國大代表（而非邊疆民族國大代表）候選人，通知都下來了，同屬「白夷」的寧屬靖邊司令部副司令孫子汶（又名孫仿，彝名斯茲伍各）在競選國大代表的路上遇到了麻煩，他想競選西昌縣國大代表，當地漢人堅決反對。李仕安從嶺光電口中得知此事後，決定讓出西康政黨提名代表的機會給孫。劉文輝問：「那你怎麼辦？」李

---

1 參見《國大代表名單》，載《中央日報》，1948-03-17，第 4 版。

先生答稱：「我回四川去選。」他又對劉文輝說：「以後省長要選，你可以選西康省主席，但西康前途哪有四川好，最好回四川選省主席。我當四川代表，到時至少給你拉幾票。」於是劉文輝給了他一筆錢，讓他去四川競選邊疆民族國大代表。我問他，四川省的邊疆民族代表只有兩個名額，你這麼有把握能選上？他回答說：「四川雷（波）、馬（邊）、屏（山）、峨（邊）的這些彝人，哪個影響有我大？哪個爭得過我？」

劉文輝為人慷慨，給李先生的錢不少，但他沒怎麼花。西方日報社免費幫他印了 1,000 個信封與 2,000 張「仕安競選專用箋」，他寫了幾百封信寄到相關縣份的縣長、朋友處，請他們幫忙，就算拉票了。有些縣長的名字，還是到省民政廳找來的。我好奇地問：「只要是彝人就可以投票嗎？政府怎麼知道有多少彝人？選票怎麼發下去？」李先生笑答：

> 選票是正式的，是縣選舉委員會發下來的，我不是在一縣，是在雷、馬、屏、峨、沐（川）等十五個縣選，這些縣都有邊疆民族。彝人就可以投票，但這些票都是水的，彝人連戶口都沒有，你從哪裏找？好多票都根本沒人投就填上去了，許多人都不知道投票的，請幾個人來填起就行。雷波的票是我二哥幫我辦，他請了幾個原來教我的老師，抽着大煙，就開始胡亂填起名字，幾天就填好了。那個時候有啥子人都不曉得，有那個人沒那個人都不曉得，選票給你，就隨便填吧。其他各縣，我把各縣關係搞好，屏山縣總共投了 40 票，全部給我了。好幾個縣都這樣搞定，其他不熟悉的縣，我既然寫了信，多少也得投我幾票吧。

顯然，這樣的競選，取得候選人資格才是關鍵，投票反而不那麼

重要。於是我好奇地問他是如何成為候選人的。李先生提到了一個我熟悉的名字——黃季陸，時任四川大學校長，也是國民黨四川省黨部的主任委員。1940 年，李先生在報刊上發表了處女作《大小涼山瑣記》，引起了黃季陸的注意，他一度打算讓李先生給自己當祕書，後來因李先生太年輕而作罷。他對李先生有過一個評價：「這個李仕安，放到漢人裏面都要算精靈的那一起。」李先生因此有了一個綽號「李精靈」。這次李先生找他，是要四川省黨部通過政黨提名的方式，讓他成為候選人。恰逢國民黨中央組織選舉的專員來四川視察，李先生把情況給他一說，專員當場表態：「你這個候選沒問題。」黃季陸那裏自然也沒有問題了。結果總共兩位候選人競選兩個代表名額，一位即仕安先生，一位是阿壩的索觀瀛。

　　對這個結果，李先生大有意見。索觀瀛是著名的瓦寺土司，族別為藏。李先生認為，藏族已有專門的代表名額，索不應再來搶邊疆民族的名額。為此，他在《西方日報》上連發了兩篇文章，一篇為我沒找到的《反對跨族競選》，一篇為《論邊民參政問題》。他的論證邏輯是，邊疆民族的人口遠多於蒙古族、藏族，對於國家的貢獻也不少於他們，而蒙古族和藏族不但享有邊疆民族沒有的監察權，且立法委員及國民代表名額，也多於邊疆民族二三倍，極不公平。現在藏族土司又來跨族競選，搶佔邊疆民族少得可憐的名額，邊疆民族自然群情激昂。歷史上，邊民沒有參政權利，對於國家，他們可以依附，但也可以脫離甚至敵對。今後邊民既已參政，就意味着接受國家的約束，因此邊民在享受權利的同時，也承擔了義務，政府必須明白這不是給予小民族的恩惠。[1]

1　　參見李仕安：《論邊民參政問題》，載《西方日報》，1948-01-31 至 1948-02-01，第 3 版。

李仕安（1948 年出席國民代表大會時攝）

　　李先生此番大做文章，不止針對索觀瀛，也是在為自己的土司楊代蒂鳴不平。楊在雷波想競選立法委員，過程非常曲折，這要從她的丈夫嶺光電講起。1946 年，嶺光電到年輕貌美的涼山大土司楊代蒂家上門，代蒂不知道，嶺此時已有妻室。講到此處，李先生呵呵大笑：「這個媒是我做的，但這也不能怪我。」他解釋說，楊是土司，又接受過現代教育，不嫁嶺光電的話就無人可嫁了，也不能嫁給漢人和「白夷」啊，只有嶺光電和她般配。李先生又說，這其中還有政治聯姻的考量。鑒於涼山四分五裂、內鬥嚴重的狀況，李先生一直想策劃統一涼山，建立現代政府，推動涼山進步。而統一的「真命天子」，非嶺光電莫屬。嶺是土司，只有土司在涼山才有號召力，「白夷」再有本事都不行。但其他土司也不行，因為嶺又是國民政府的官員，同川、康政要乃至中央都關係融洽，社會影響力也很大。李先生的想法，得到不少「夷人」精英的支持，其中就包括手握寧屬靖邊司令部兵權的「白夷」孫子汶 [1]，如果再與涼山大土司聯姻，統一的基礎與條件就大致具備了。1948 年，孫子汶跟鄧秀廷之子鄧德亮兵戎相見，李先生堅決支持孫，其一個想法就是解決了鄧家之後，擁嶺光電當靖邊司令，為統一打下基礎，但打了半年，不分勝負。李先生與嶺光電等人也相信，政府是會支持他們的計劃的，因為涼山統一了，許多政府控制之外的人群可以真正成為國家的公民與百姓。他們萬萬沒想到，行動還沒真正開始，國民政府就完蛋了，強大的共產黨政權不到數年就深入涼山，解決了歷代政府都束手無策的大難題。

1　當時的司令鄧秀廷死了，在李先生與嶺光電等人的活動下，讓鄧秀廷之子鄧德亮守孝三年，守孝期間，由副司令孫子汶代理司令。

　　新婚期間，嶺光電在報紙上發表的一篇文章[1]，惹惱了縣長，等到楊代蒂競選立法委員時，縣長堅決不幹，投票的地方甚至架起了機關槍。後來代蒂找了地方上的紳糧去溝通，才緩和了縣長的情緒。不過，競選仍以失敗告終，她遇到了一位強有力的對手 —— 索觀瀛的弟媳趙士雅，而趙士雅其實是漢人。趙士雅成功當選，代蒂只弄到一個候補委員。彼時的國大代表、立法委員通常都是一個正式，一個候補，正式的出了問題，候補的可以頂上。有的地方還規定，男的是正式代表，女的是候補代表。結果出來，李先生不幹了，去找趙士雅交涉：「你來佔邊疆民族的名額，你還是漢族！」結果雙方就說好，立法院的會，趙士雅與楊代蒂輪流去開。「趙士雅去開了第一次會，第二次還沒開，國民黨就垮了。楊代蒂就從來沒去過。」講到此處，仕安先生大笑不止。

　　孫子汶如願以償當選國大代表，與李先生結伴赴寧開會。此次國大，由 65 歲的孫子汶主導，川、康、渝的一些代表曾打算聯名上一個提案，聲稱「西康夷胞自劉文輝主康以來即被漢軍壓制，毫無自由」，要求「夷族高度自治」，既不屬康，又不屬漢，「借免以強凌弱而釀成不幸事件」。[2] 這樣的提案不但得罪劉文輝，而且凸顯「夷族」也不受中央待見，自然是不了了之。

　　赴南京前，西昌警備司令部[3] 司令賀國光讓相關代表組織「川康邊區夷族觀光團」，帶領十多位川、康「夷人」前往觀光國大。孫子汶、

1　這篇文章筆者未找到，應與禁鴉片時妄殺「夷人」有關。參見溫春來、爾布什哈主編：《嶺光電文集》（下冊），334~335 頁。

2　《國民大會代表選舉事務案（十八）》，台灣「國史館」藏檔案，入藏登錄號：001000000204A。

3　1946 年，委員長西昌行轅被撤銷，國民政府在西昌設置警備司令部，成為行轅的替代機構。

王濟民任正、副團長，賀國光派了一位少將參軍擔任顧問，楊砥中被李先生請來當交際（不是正式團員）。觀光團的絕大部分成員，雖非國大代表，但頗受重視，得到蔣介石的親自接見，西康、四川、上海、南京等地的報紙對他們的活動亦有較多記載。對此學界已有研究，此不贅述。[1] 值得一提的是，在南京期間，觀光團成員連同在寧的「夷族」人士近百人，發起組織了「西南邊疆民族文化協進會」，設總會於南京，選舉楊砥中為總會理事長，嶺光電等 16 人為理事和監事。[2]

民國時期的仕安先生，懷有強烈的「夷族」意識，並且深深不滿於黑、白「夷」之間的不平等鴻溝。他的整個意識，植根於一種開闊的視野。1945 年年初，經蔣介石批准，成立了「西康省寧屬剿夷總指揮部」，準備對布拖、普雄的「夷人」用兵，嶺光電、孫子汶、李仕安等也參與了行動。但看到指揮部的招牌後，李先生不高興了：「剿夷，我李仕安是夷，連我都要剿了？孫子汶是靖邊司令，你也要剿嗎？潘學源、嶺光電你們也要剿？」劉元瑄的參謀長很難為情，說「取了取了」，改為「剿匪總指揮部」。我注意到李先生當時發表的文章，1945 年 2 月有《剿夷紀事》，但此後的文章，都改成了「剿匪」。[3]

我問：「參與漢人去打彝人，你心中沒有糾結嗎？」

「糾結？我為什麼要糾結？我就主張打。有些彝人太討厭了，我不是站在政府角度和漢人角度，那些彝人的討厭確實不是一般，像嶺光電、孫子汶和我們，都是要打那些彝人的。他們太不像話了！當

1 參見趙崢：《邊地攘奪與「少數民族」的政治建構：以民國時期西康寧屬彝族問題為中心》，120~123 頁。

2 參見楊榮良、朱淮寧主編，南京市地方志編纂委員會編：《南京民族宗教志》，107 頁。

3 參見李仕安：《剿夷紀事》，載《新康報》，1945-02-04；《普雄剿匪戰綜報導》，載《新康報》，1945-06 至 1945-08；《普雄剿匪經過》，載《西康日報》，1946-08-04；《普雄剿匪雜話》，載《新康報》，1946-12 至 1947-02。

然，我們跟漢軍不一樣，漢軍打彝人，燒了房子，搶了就走了，我們是想為嶺光電統一涼山打下基礎。」

李先生當時強烈要求黑、白「夷」平等，但他又說：「涼山黑彝體型好高，一米八幾的比比皆是，同我關係好的盧占鼇一米九，解放後當過中央委員的伍精華一米九幾，他來雅安看我，要低頭才能進我家。雖然我是白彝，但黑彝確實是優秀民族，這是我一直都承認的。」

六七十年的光陰過去，走在人生邊緣的李先生，豁達的境界愈顯宏闊。他不止一次對我說：

> 民族的身份真有那麼重要嗎？早晚都要消失的，到時彝族沒有了，漢族也沒有了。我自己就消滅彝族了，我是彝族，我討了漢人老婆，我孫女兒成了美國人。我孫女兒在美國生了一個女兒，是我第四代了，她又是什麼族？宗教也是一樣的，我是基督教徒，但我是為了消滅它，勸信的人不要信。現在這個世界，最麻煩的就是民族、宗教。消滅了，就天下太平了，孫中山的大同理想就實現了。[1]

「夷族」精英們那些動人的生命故事，就講到這裏。讓我們去追問幾個至關重要的問題吧：

他們為何要製造一個「夷苗民族」的稱謂？

既有「夷苗民族」，為何又要提「夷族」？

他們為何如此論述自己的族類身份及其與整個國家和中華民族之間的關聯？

要回答這些問題，我們需要離開民國，進入更久遠的歷史……

1　此段引文並不代表筆者的觀點，只是如實轉述李仕安先生的原話。

闲话凉山彝文

李仕安

1981年初，在雅安县政协文史资料组稿让我自报题目，撰写一个叫《新编彝文检字法》的小本之。其目的是想帮助凉山彝族亲友们普及文化，以利于建设社会主义现代化的工旅。但写成第一部分《部首检字法》后我才发现，第二部分《音序检字法》几乎只能由已出版的《彝文检字法》中照抄，第三部分《笔划检字法》也不可能有多少改变，因而就打消了编一整本的念头，把它写成一篇《我看之文检字法》

李仕安手跡

西南「國家傳統」

　　漢武帝元鼎五年（前 112）秋，33 歲的郎中司馬遷，跋山涉水，前往西南。雲貴高原群山莽莽，此前涉足於此的朝廷官員僅有唐蒙、司馬相如等寥寥數位。[1] 太史公此番出使，耗時年餘，歷巴郡、蜀郡、邛、筰、昆明等地。這是一次政治使命，對史學家司馬遷而言，更是一次珍貴的田野考察機緣。其成果，若干年後反映在了不朽的《史記》中。司馬遷敏銳地注意到，西南地域遼闊，繁衍生息着眾多不同的人群，他們可以分為兩大類。一類有某種政權形式，存在較大聚落與君長統治，如夜郎、滇，等等，他用高度概括的語言進行了描述：

　　　　西南夷君長以什數，夜郎最大；其西靡莫之屬以什數，滇最大；自滇以北君長以什數，邛都最大：此皆魋結，耕田，有邑聚。

另一類人群則比較鬆散，缺乏制度化、階層化的權力架構，人們居無定所，「隨畜遷徙，毋常處，毋君長，地方可數千里」。[2]
　　兩種基本的社會形態，在歷史之河中長期綿延。自漢迄清，儘管

1　參見方國瑜：《史記西南夷傳概説》，載《中國史研究》，1979(4)。
2　（漢）司馬遷：《史記》卷一百一十六《西南夷列傳》，2281 頁，北京，中華書局，1999。

王朝所直接控制的西南地域日益廣闊，但兩千餘年間，這種局面仍然在不同程度上存在，成為民國時期西南非漢族群精英們言行與事功的重要歷史基礎。

一、苗貴

明景泰五年（1454）農曆十二月壬寅，皇帝諭令，允准貴州副總兵、都指揮僉事苗貴改姓李，為李貴。姓乃祖宗所賜所傳，神聖而不能輕易更改。中國人改姓，乃天大之事，許多由於過繼等原因而從他姓者，後代往往還要費盡心機改回原姓。苗貴此番改姓，緣由相當奇特，乃「自嫌其姓與苗蠻同」，於是央求貴州巡撫蔣琳奏請聖裁。此事或令今人噴飯，但當事人卻實實在在地經受着尷尬與痛苦。苗貴數年前尚在山西任武職，因貪腐而被罰運磚贖罪，贖滿後調往黔地為官。對自己的姓氏原無負面情感的他，目睹貴州的遍地「苗蠻」，觸景生情而產生了恥辱意識。[1]如果他姓「夷」，想必也會改之而後快，因為他當時在貴州最常聞見的非漢人群的標籤，就是「苗」與「夷」。

苗貴的鄙陋可笑，姑且不論。在傳統中國，如同「蠻」等詞彙一樣，「苗」「夷」所指對象常常帶有很大的模糊性和不確定性，在許多情況下只能理解為對非漢族類的泛稱。但在苗貴那個時代，情形已開始發生變化，「苗」與「夷」在保持着泛稱內涵的同時，在許多情況

---

1 參見《明英宗實錄》卷一百五十五，「正統十二年六月甲子」；卷二百三十八之《景泰附錄》第五十六，「景泰五年二月辛丑」；卷二百四十八之《景泰附錄》第六十六，「景泰五年十二壬寅」，上海，上海書店出版社，1982 年影印台灣「中央研究院」歷史語言研究所校勘本。

下已代表着更具體的空間及人群的差異。例如，《明實錄》等史料已經開始呈現出這樣一種趨勢：常將貴州省的都勻、銅仁、凱里以及湘西等地的族類稱為「苗」，而黔西北、黔西南、滇東北、川南等地的族類則多被稱為「夷」或「倮倮（羅羅）」，因此在談到黔東、湘西等地時，頻頻出現「苗民」「苗賊」「苗叛」「苗寇」等詞語，而論及黔西北等地時，「夷」「夷虜」「夷民」等詞彙則極其常見。[1]用一句簡單的話來總結，就西南地區而言，被稱為「苗」的地區與今天的苗族聚居區有較高的重合度，但範圍超過後者，被稱為「夷」的地區則往往與彝族聚居區相同或相鄰，範圍亦較後者為大。西南地區的大多數非漢族類，都可分別置於「夷」「苗」這兩大人群範疇之中。這一差別在明亡以後一直延續，並且呈現出更加精確地指代某些人群的傾向。儘管今天被界定為彝族的人群的自稱各不相同，但明中期以降，「夷」逐漸被遍佈川、滇、黔等地的許多人群認可和接受，當地的漢人稱他們為「夷人」或「夷族」，而他們在漢語語境中也是如此稱呼自己。同樣，「苗」也被湘西、黔東等地的諸多非漢人群所認同，他們講漢語時自稱為苗成為自然而然之事。例如，在貴州西北部地區，苗人與

1　參見《明英宗實錄》卷一百七十七的「正統十四年四月壬子」「正統十四年五月癸未」，《明世宗實錄》卷三百五十八的「嘉靖二十九年三月丙辰」、卷四百九十六的「嘉靖四十五年乙亥」，《明英宗實錄》卷一百九十五《景泰附錄》第十三的「景泰元年八月壬申」條，等等，《明實錄》中類似的例子不勝枚舉。又如，明嘉靖年間鎮壓黔東、湘西「苗亂」的各種公文中，叛亂者全部被稱為苗，如「黑苗」「惡苗」，首領則被稱為「主苗」「苗頭」等。指揮剿苗的總督張岳稱：「貴州苗地，縱橫不過百五十里。」（見張岳的《小山類稿》卷十《答楊僉憲》），可見在張岳的心中，包括黔西北在內的許多地區與「苗地」無關。這一看法同萬曆年間貴州巡撫郭子章的看法相似，郭氏所撰《黔記》卷五十九云：「貴州本夷地，一路諸城外，四顧皆苗夷，而種類不同。自貴陽而東者，苗為夥，而銅仁九股為悍……自貴陽而西者，羅羅為夥，而黑羅為悍。」「羅羅」在 20 世紀 50 年代被識別為彝族。

「夷人」已被清楚區分開來，始修於光緒三十二年（1906），定稿於民國十三年（1924）的《威寧縣志》云：「（我邑）其他種族除漢族不計外，以苗民為最多，黑白夷次之，齊細眉次之，土老又次之，阿烏子不多，蠻子絕無。」[1] 在四川涼山一帶，控制該區域的上層分子在明代就已被普遍稱為「黑骨夷」[2]，彝族人被邊區漢人稱為「羅羅」或「蠻子」，他們用漢語談話時則自稱「夷家」。[3] 在雲南中甸，彝族自稱為「諾蘇」，他稱是「夷人」「夷族」等。[4]

作為貴州副總兵，苗貴常常在大大小小的針對「苗夷」的軍事行動中擔任角色。他雖然鄙視「苗夷」，卻也不得不與「苗夷」特別是「夷」的首領們打交道，甚至配合作戰。1460 年，他在鎮壓王阿榜眾眾作亂事件中表現出色。[5] 同年 12 月，面臨規模更為巨大的「西堡蠻」之亂時，他與鎮守貴州的太監鄭忠調遣安隴富率土兵二萬參與截殺，此時，安隴富的身份是貴州宣慰司宣慰使。[6]

按明代制度，宣慰使為從三品，為土司中的最高品級。貴州宣慰司領有貴州中部與西北部的大片地域，今天的畢節市以及貴陽市大部、六盤水市一部分均曾為其領地。明初西南甫定，朱元璋就詔明代

1　民國《威寧縣志》卷十七《雜事志・土司並苗蠻》，畢節地區檔案局複製油印本，1964。這裏的「夷」顯然是指婁素，直到現在，威寧的婁素（彝族）尚有黑、白之分。

2　（明）瞿九思：《萬曆武功錄》卷五《建昌桐槽黑骨諸夷列傳》，見《四庫禁毀書叢刊》編纂委員會編：《四庫禁毀書叢刊》，北京，北京出版社，1997。

3　參見林耀華：《涼山夷家》，1 頁。

4　參見陸裕民：《雲南中甸彝族的調查》，見雲南省編輯組編：《四川廣西雲南彝族社會歷史調查》，昆明，雲南人民出版社，1987。

5　參見《明英宗實錄》卷三百一十四，「天順四年四月庚午」。

6　參見《明英宗實錄》卷三百二十三，「天順四年十二月癸酉」。

首任貴州宣慰使靄翠位於「各宣慰之上」[1]，這是其實力的一個象徵。

在明王朝看來，貴州宣慰司的主體人群是「羅羅」，在更大的人群範疇上屬於「夷」，他們則自稱為「婁素」。20世紀50年代的民族識別中，「婁素」被劃為彝族。

我們對西南「國家傳統」的探討，就從「婁素」開始。

二、篤慕

1. 大洪水

婁素有自己的文字，至遲在宋代已相當成熟，留下了浩如煙海的文獻，大都是明、清時期的作品，今天我們通常稱之為彝文典籍、彝書，等等。早在20世紀30年代，丁文江便在當年貴州宣慰使的駐地——今大方縣蒐集到《帝王世紀》《宇宙源流》等彝書，加上從雲南、四川蒐集到的彝文書籍，彙編成《爨文叢刻》。彝書的規模相當龐大，僅在今天的畢節市範圍內，截至1997年，據不完全統計，已發現6,000餘部彝文古籍，學者翻譯整理出了其中的113部227卷，共2,600餘萬字，最終出版的有90部，共1,400餘萬字。加上20世紀50年代以後由於各種原因已經灰飛煙滅的彝書，彝文古籍之豐富超乎想像！

這些卷帙浩繁的彝書包括譜牒、創世及萬物起始的神話與傳說、祭祀與占卜經書、歷史記錄、政書、賦稅冊、天文曆法、文藝

1　參見《明太祖實錄》卷八十四，「洪武六年八月戊寅」，上海，上海書店出版社，1982年影印台灣「中央研究院」歷史語言研究所校勘本。

批評、英雄史詩、情歌、民間故事、編譯著作（如用彝語編譯的《西遊記》），等等。此外，在田野鄉村，還有為數眾多的碑刻、巖刻與墓誌。[1]

　　在貴州、雲南的彝書中，記載了一位名為篤慕的英雄。話說篤慕有三兄弟，躬耕於田間，途中常常遇到一位老爺子乞食，大哥、二哥不予理睬，篤慕則每每將自己不多的伙食與其共享。有一天，老爺子告訴篤慕：「你聽我的話，做一個大木盆，某年某月某日某時，你一定要坐在木盆中。此事絕不可泄露給他人，包括你的兄長。」篤慕遵照而行。當那個時刻來臨時，洪水陡然暴發，天地間一片汪洋，生靈喪亡殆盡。篤慕的木盆在茫茫大水中孤獨地漂蕩，一直漂到撮匹山（亦稱洛宜山、羅業白等，一般認為位於雲南昭通市）山頂，成為惟一的人類倖存者。七天七夜後，洪水退去，篤慕下山，來到貝谷楷嘎，恰逢天君的三位女兒在此擺歌場，篤慕上去一展歌喉，贏得了三位仙女的芳心，與他結為夫婦。每位妻子為他生了兩個兒子，從長至幼分別為慕雅苦、慕雅且、慕雅熱、慕雅臥、慕克克、慕齊齊，是為婁素的六祖，婁素由此而分為武、乍、糯、恆、布、默六大支系。六個支系先是與天上通婚，後來天地親路斷絕，為了生存發展，經過商議，決定武系與乍系、糯系與恆系、布系與默系相互開親。他們輾轉遷徙，分佈於雲貴川三省的許多地區。居住在今貴州安順市，威寧、赫章二縣，雲南宣威市一帶者屬布系；居住在今貴州貴陽市，黔西南布依族苗族自治州，畢節、大方、黔西、水城數縣，以及雲南東川、會澤一帶者為默系；居住在今四川南部之敘永、雲南東北部之昭通一帶者為恆系；又有糯、恆二系的大量族眾渡過金沙江，定居於今四

1　以上參見溫春來：《從「異域」到「舊疆」：宋至清貴州西北部地區的制度、開發與認同》，23~26 頁。

川涼山彝族自治州一帶。這樣一幅人群分佈的歷史圖景，見於清初黔西北、滇東北的婁素的經典著作與口碑資料中，明眼人一看便知，這些正是今天彝族分佈的核心區域。而篤慕六子，今天則被稱為彝族六祖。[1]

2. 君長國

篤慕的子孫們，後來建立了若干個君長國，主要有黔西北的水西[2]、烏撒[3]，滇東北的阿芋陡[4]、芒部[5]、烏蒙[6]、古口勾[7]，黔西南的阿外惹[8]，黔中的播勒[9]，川南的扯勒[10]，等等。統治這些地區的族類大都自元代起被納入中央王朝的土司制度中，並且一律被他稱為「羅羅」[11]，在民族識別中被定為彝族，而彝文文獻則表明他們都自稱「婁（素）」。[12]

古口勾部要人歐索父奕訪問阿外惹部時，曾與阿彌評點婁素君長國的勝地：「我的阿彌呀，九十彝（婁）君長，都住好地方，且聽我來說。」接着他便講到了扯勒的柏雅妥洪、水西的洛博迤略、芒部

---

1 參見溫春來：《彝、漢文獻所見之彝族認同問題 —— 兼與郝瑞教授對話》，載《民族研究》，2007(5)。

2 明代在此設立貴州宣慰司，地域範圍見上文。

3 在今貴州赫章、威寧二縣，明代在此設立烏撒軍民土府。

4 在今雲南東川、會澤一帶，明代在此建立東川軍民土府。

5 在今雲南鎮雄一帶，明代在此建立鎮雄軍民土府。

6 在今雲南昭通一帶，明代在此建立烏蒙軍民土府。

7 即磨彌部，在今雲南宣威一帶，明政府在此設立霑益土州。

8 即婁婁勾部，在今貴州黔西南一帶，明代先後在此設立普安安撫司、普安州。

9 在今貴州安順一帶，明代先後在此設立普定府、安順州、安順軍民府。

10 在今四川古藺一帶，明代在此設立永寧宣撫司。

11 例如，朱元璋曾敕征南將軍傅友德等稱：「東川、芒部諸夷，種類皆出於羅羅。」見（清）張廷玉等：《明史》卷三百十一《四川土司傳一》，8004 頁，北京，中華書局，1974。

12 「婁」即「婁素」或「婁素濮」的簡稱，前者是書面語，後者是口語。

的葛底翁妥、烏撒的篤烘洛曲、阿芋陡的舉婁侯吐啟、古口勾的直諾祝雅流域、播勒的大革滴索、阿着仇的阿着地以及阿外惹的住所。顯然，在歐索父奕與阿彌的眼中，整個滇東北、黔西北、黔中、黔西南、川南都是彝人（婁）的住地，君長都是彝（婁）君長，柏雅妥洪等地則是彝（婁）家勝地的代表。將幾大君長國並列敘述的情況頻繁出現於眾多彝書中。

君長國的首領們相信，篤慕是他們共同的遠祖。當然，關於洪水發生的原因、避難的地點等細節問題有多種說法，但這些並沒有動搖同宗共祖的堅定信念。通過《彝族源流》《西南彝志》等彝書，我們可以擬出部分婁素君長國的分支譜系。

在君長國之間的交往中，這個譜系的內容常常被強調，如水西受到吳三桂攻擊時，派使向芒部求援：

　　阿哲（即水西）和芒部，是手足兄弟，要相依為命，彼此之間，係同一祖先……本是親支系，本是親家族。

又如，烏撒曾與古口勾（即磨彌部）對天結盟：

　　磨彌與烏撒，自從米（慕）克克，數到陡阿姆，二十二代祖，一直沒分家，共同的祖父陡阿姆，共同的祖母咪嘎。

需要指出的是，還有一些君長國，同樣認同篤慕—六祖，但其分支譜系沒那麼清楚，因此未列入上面的譜系圖中。例如，雲南中部偏北的武定、祿勸一帶的彝文古籍，記載了六祖分支故事，明代赫赫有名的武定鳳氏土司，大理國時期為羅婺部，自認為是六祖長房之後。

除了具有同宗共祖的堅定信念外，君長國之間還世代聯姻，形成

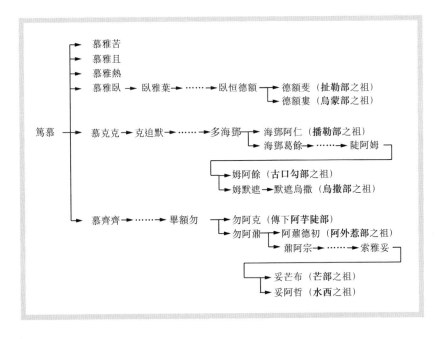

㼪索君長國世系圖（部分）

了一個龐大的婚姻圈。《明實錄》稱：「蜀、黔之烏撒、烏蒙、芒部、霑益諸土司悉（水西）安酋姻連至戚。」阿芋陡部的姻親涉及惹氏、恩氏、恆略麗氏、慕度部、德布氏、古口勾、臥䧴、姆默遮、婁婁勾、能婁畢比、紀俄勾（即烏撒）等，又如，水西君長靄翠的夫人奢香是永寧扯勒部之女，歸順明王朝的烏撒女酋長（魯素舍僕）是從水西嫁過去的。武定鳳氏的婚姻範圍涵蓋烏蒙、水西、烏撒、阿外惹、古口勾等君長國以及四川涼山地區的彝人土司，明朝人張元忭稱其「遠至川貴相婚姻，有眾數萬，地千里」。

　　類似的論述在彝漢文獻，特別是彝文文獻中舉不勝舉，其中全面勾勒出君長國姻親交往的是《彝族源流》卷二十六「姻親交往記」一章。古代婁素稱君長國之間的外交活動為「叟覺」，還會根據各君長群國之間的關係，在「叟覺」一詞中加入修飾語，如有血緣關係的「餘（即舅）蘇（即甥）」「寸迁（家族支）」，非血緣關係的「耐優」等。川南、滇東北、黔西北、黔中、黔西南的婁素不但相信他們有共同的祖先，並且在現實生活中世代通婚，互為甥舅，因此各個政權之間的交往被稱為「餘叟蘇覺」。他們之間的「外交活動」，通常帶有「婚親交往」與「走訪親戚」的性質，而「餘叟蘇覺」的活動是相當頻繁的。

　　因為血緣與姻親關係的交識，當某君長乏嗣時，繼任新君可能來自其他君長國，「彼絕此繼，通為一家」。例如，明萬曆年間安紹慶、安效良父子分領古口勾和烏撒，水西君長安疆臣之弟安堯臣則統治了芒部。[1]

1　以上參見溫春來：《從「異域」到「舊疆」：宋至清貴州西北部地區的制度、開發與認同》，7~9、113 頁。關於武定的敘述參見何耀華的《武定鳳氏本末箋證》（17、36~37 頁，昆明，雲南民族出版社，1986），明代張元忭的《南京工部尚書新昌呂公光洵行狀》（收入焦竑《國朝獻徵錄》卷五十二《南京工部一》），明代沈德符的《萬曆野獲編》卷二十九對鳳氏反叛的記載，《明世宗實錄》卷八十六的「嘉靖七年三月戊戌」條，等等。

3. 范成大視野中的西南

　　南宋乾道七年（1171），47 歲的范成大以集英殿修撰出知靜江府兼廣西經略安撫使，次年赴任。他從家鄉蘇州出發，取道江西、湖南，水陸兼程，行三千里，歷三月餘，始抵達桂林任所，兩年後離開廣西前往四川赴職。[1] 這段「南宅交、廣」的生涯，對生長於江南，一直在內地為官的范成大而言，可謂眼界大開。此前他曾出使金國，見到了金世宗完顏雍。范成大無疑是當時中國最具「世界視野」的官員之一。他筆下的西南社會，與後來《宋史》的記載相距甚遠。《宋史》素稱龐雜，但對西南地區的眾多「蠻夷」，常常用三言兩語帶過，一些有着較高文明程度的非漢人群及其所建立的政權，甚至隻字未載。這給後人造成一種刻板的印象，似乎宋代西南地區只有一個大理國與宋王朝對峙。而范成大根據自己在廣西的耳聞目睹撰就的《桂海虞衡志》，則為我們揭示了一個全新的世界，他已經觸及了前文所述的婁素君長國。

　　范成大稱，「南方曰蠻」。蠻種繁多，那些毗鄰王朝所直接統治的省地，且受王朝羈縻的州縣，雖向為「蠻地」，但勢易時移，不應再「以蠻命之」。與王朝連名義上的羈縻關係都不存在的地區，就是「化外真蠻」了，具體又可分為三類：一類無所統屬，此謂「生蠻」；一類有酋長，「與山獠相似，但有首領耳」；還有一類，如自杞、羅殿等，有「國」之名，羅殿之地形成聚落，有文書、公文，「稱守羅殿國王」。[2]

1　參見《范成大年譜簡編》，見（宋）范成大著，姜劍雲、閆瀟宏、毛桂香解評：《范成大集》，附錄，194~195 頁，太原，三晉出版社，2008。

2　參見（宋）范成大：《桂海虞衡志·志蠻》，見（明）陶宗儀等編：《説郛三種·説郛一百卷》，上海，上海古籍出版社，1988。

　　儘管在《宋史》中僅被簡單提到過兩次[1]，但自杞是在西南地區有着相當影響力的政權，一度率兵攻佔過大理國的中心鄯闡府。[2] 羅殿在《宋史》中亦只出現數次，且《宋史》對其內部情形隻字未載。而范成大則明白無誤地揭示，羅殿有聚落，有自己的文字，有文書公文，首領稱國王，而且是「化外真蠻」，與宋王朝連名義上的統轄關係都沒有，羅殿之為「國」，名副其實。

　　通過比對《桂海虞衡志》與明代貴州方志中的相關內容，我們不難發現，無論是體質特徵還是文化風俗，羅殿、自杞「諸蠻」與水西「婁素」均高度相似。從地理位置上看，自杞與阿旺惹君長國高度重合，羅殿與水西君長國也大致相當。[3] 據此，我們判斷范成大已記載了阿旺惹與水西兩大君長國。范成大之後，到廣西任官的張栻、周去非同樣提到了這兩個國家。[4] 而羅殿國所使用的公文應該是用彝文書寫，因為該地是「化外真蠻」，游離於中央王朝的羈縻州縣系統之外，不繳稅，不服役，同宋朝廷的關係，僅僅體現在「市馬」一類互惠的經濟活動上[5]。羅殿國統治者們學習漢文的情況當極為罕見，將之作為國家的公文似不可能。到明代，王朝才制定了一系列制度，要求君長國的上層人物接受漢化教育。

1　《宋史》卷一百九十八云：「（紹興）三年，即邕州置司提舉，市於羅殿、自杞、大理諸蠻……自杞諸蕃本自無馬。」

2　關於自杞，可參見楊永明：《滇東古長城是自杞國的傑作》，載《學術探索》，2002(6)。

3　參見溫春來：《從「異域」到「舊疆」：宋至清貴州西北部地區的制度、開發與認同》，3~6頁。

4　參見（宋）周去非：《嶺外代答》卷三《外國門下》，上海，商務印書館，1936；《宋史全文》卷二十六上《宋孝宗五》，台北，台灣商務印書館，1983年影印文淵閣《四庫全書》本。

5　參見史繼忠：《羅殿國非羅氏鬼國辨》，載《貴州民族研究》，1982(4)。

范成大等人畢竟是正統儒家思想薰育出來的官員，加上他們不可能深入宋王朝控制之外的地區進行調查，所以許多婁素君長國並未在他們的筆下得到呈現。范成大就坦承自己只是「志其近桂林者」，對婁素君長國的制度，他更是不甚了之。除「婁素」君長國之外，宋代西南地區其實還有其他族類建立的許多地方性政權，呈現出多「國」林立的狀況。這一狀況長期延續，連洪武皇帝朱元璋對婁素君長國也有所了解，認為他們同源共祖，均屬「羅羅」且聯繫密切：

東川、芒部諸夷，種類雖異，而其始皆出於玀玀。厥後子姓蕃衍，各立疆場，乃異其名，曰東川、烏撒、烏蒙、芒部、祿肇（即永寧）、水西，無事則互起爭端，有事則相為救援。[1]

下面，我們將敘述俄索折怒的故事，以展現婁素君長國的制度。

三、俄索折怒

俄索折怒是烏撒君長國的一位著名君長，其事跡《元史》有載：

烏撒者蠻名也。其部在中慶東北七百五十里，舊名巴凡兀姑，今曰巴的甸，自昔烏雜蠻居之。今所轄部六，曰烏撒部、阿頭部、易溪部、易娘部、烏蒙部、閟畔部。其東西又有芒布、阿晟二部。後烏蠻之裔折怒始強大，盡得其地，因取遠祖

1 《明太祖實錄》卷一百九十二，「洪武二十一年七月丁酉」。

烏撒為部名。[1]

　　這段敍述無疑帶有強烈的王朝中心主義色彩。婁素不會認為烏撒是一個蠻名，因為這來自他們的偉大先祖烏撒（俄索），具有無可置疑的神聖性。他們的君長國，也不只是一個簡單的部，烏撒又稱烏撒勾，在婁素的語言中，「勾」即指君長國，如水西稱慕俄勾，播勒部稱婁婁勾，磨彌部稱古口勾等。[2]這種稱謂含有某種神聖的意味，「勾」意譯時又指白鶴，在彝書中頻頻出現[3]，被描繪為具有超凡能力的聖鳥。

　　彝書記載，折怒是遺腹子，其父特波被孟部、利良、利切、阿特四大敵對部落所殺害，兩大舊臣慕魁德直、益迁阿租從敵人的魔掌中逃脫，精心撫育君長的遺孤。折怒天生異稟，六歲開始學習彝文典籍，十二歲時已勇猛驚人，「天再高，容不下折怒，地再大，折怒也要顯身手」，在兩大舊臣的主盟下，折怒登上大位，成為一代「祖摩」（即君長）。「俄索藺從此再立門戶，紀俄勾再展雄風。」折怒「出征四十七，贏四十三仗」，結束了烏撒部「替人牽馬，替人背物」的境

1　（明）宋濂等：《元史》卷六十一《地理志四·烏撒烏蒙宣慰司》，1483 頁，北京，中華書局，1976。

2　參見畢節地區民族事務委員會編，畢節地區彝文翻譯組譯：《彝族源流》第 21~23卷，109 頁註釋，貴陽，貴州民族出版社，1997；阿沽社武：《烏撒政權結構試析》，見貴州彝學研究會編：《貴州彝學》，北京，民族出版社，2000。

3　參見貴州省少數民族古籍整理領導小組、畢節地區民族事務委員會主編，畢節地區彝文翻譯組譯：《彝族源流》第 1~4 卷，110~111 頁註釋，貴陽，貴州民族出版社，1989。

況，開始了「拓地千里，統治他人」的新局面。[1]

折怒的輔佐者，有「摩」（意譯為「臣」）與「布」（即「布摩」，意譯為「師」，指祭師、經師，是彝人中的知識階層，掌握文字與經典。在四川涼山等彝區，通常將祭師、經師音譯為「畢摩」）兩大類別，這在所有的君長國中都是一樣的。君、臣、布不但在彝文典籍中有諸多記載，甚至在曲谷（情歌）中也有反映，如《谷邳賴》稱：

> 情郎和情妹，進入了歌場。君長居左，臣子居右，布摩居
> 上位。[2]

「君長掌權，與臣問計，高明的布摩祭祖」[3]，三者分工明確。在水西君長國，臣與布分為若干等級，形成了「九扯九縱」之制。在漢文史籍中，《明神宗實錄》較早提及該制度的名稱[4]，康熙初年親履水西的官員彭而述則談到了該制度的一些具體內容[5]，後來的許多地方志根

1　　參見貴州省民族事務委員會古籍辦、貴州省畢節地區彝文翻譯組編，阿洛興德整理翻譯：《支嘎阿魯王・俄索折怒王》，前言、145~161頁，貴陽，貴州民族出版社，1994。

2　　《谷邳賴》，見貴州省畢節地區民族事務委員會、貴州省畢節地區彝文翻譯組編，阿洛興德蒐集整理翻譯：《曲谷精選》，3~5頁，貴陽，貴州民族出版社，1996。類似的情歌尚有《陡朵》《恆佑阿買》《祖摩阿紀家》《才尼》《訶合曲谷》（以上均收入《曲谷精選》）、《北方君長道》（見王繼超、文朝志主編：《阿買懇》，439~440頁，貴陽，貴州民族出版社，2002）等。

3　　王繼超主編，阿洛興德整理翻譯：《蘇巨黎咪》，9~10、16、24頁，貴陽，貴州民族出版社，1998。黔西北民間流傳的「曲谷」對君、臣、布的權力分工亦有反映，如《陡朵》（見貴州省畢節地區民族事務委員會、貴州省畢節地區彝文翻譯組編，阿洛興德蒐集整理翻譯：《曲谷精選》，3~5頁）。

4　　參見史繼忠編：《明代水西的則溪制度》，35頁，貴州民族學院民族研究所印。

5　　參見（清）彭而述：《讀史亭文集》卷九《水西記》，見《四庫全書存目叢書》編纂委員會編：《四庫全書存目叢書》，濟南，齊魯書社，1997。

據彝書，對此進行了更詳細的梳理。「九扯九縱」即根據事權的不同，將輔佐君長的臣與布分為九個品秩：總理行政的長官曰「更苴」，品級最高；「穆魁」「濯魁」輔佐「更苴」，參與軍機大事，品級次之；「誠慕」「掌宗祠之祭祀，修世系之譜牒」，「白慕」「掌喪葬之齋醮」，兩者同為第三等級；「慕史」司文書，「掌歷代之閥閱，宣歌頌之樂章」，同「執事左右」的「諾惟」「祃葩」一起構成了第四品級；「罵初」「罵寫」是兵帥，管軍事，「弄餘」掌禮儀、辦外交，「崇閒」督農事、管生產，為第五等級；「濯苴」「拜書」管接待，「拜項」管門禁，「扯墨」管祭祀牲口，品級更次；「項目」管器物，同管禮物的「弄都」、管環衛的「初賢」、作為隊長的「黑乍」列為一等；其餘服雜役者又列為一等。以上共八個品級，「少一而不足九者，蓋錄彝書者脫漏」。[1]

　　折怒對君長國體制的最大貢獻，是他建立了一種「則溪」（又音譯為「宅溪」「宅吉」）制度，彝書記載：

　　　　（折怒）以魯旺的方位，依魯補的數字，支格阿魯定的標記，設置九大則溪。重振俄索蘭的雄風，再建立虎皮般的典章。綠竹茵茵的莫則洛那洪，設置第一則溪；稻花芳香的俄補甸吐，設置第二則溪；松濤呼呼的德珠朽嘎，設置第三則溪；山清水秀的六曲博果，設置第四則溪；巍巍篤洪木谷，設立第五則溪；霧靄像青紗般繞着的耐恩，設立第六則溪；蕎花像彩虹落地般的辭吐，設立第七則溪；五彩索瑪簇擁的女武溢恆，設立第八則溪；好比斗柄繞着北極星，篤洪那妻是中央則溪。[2]

1　參見史繼忠編：《明代水西的則溪制度》，35~38 頁。
2　貴州省民族事務委員會古籍辦、貴州省畢節地區彝文翻譯組編，阿洛興德整理翻譯：《支嘎阿魯王‧俄索折怒王》，205~206 頁。據譯者解釋，「魯旺」「魯補」相當於九宮八卦。

　　引文中提到的支格阿魯，其影響遍及今天川、滇、黔、桂的廣大彝區，這些地區的彝族文獻與口碑資料中對他的事跡均有大量描述。[1] 傳說折怒之父特波被殺害時，其遺孀咪黛連續三個晚上夢到一隻雄鷹擁着自己入眠，無法掙脫。一轉眼，雄鷹化作英俊小夥，很像年輕的特波，但自稱支格阿魯，並云受天君的派遣來給特波傳後，咪黛就懷孕了，一朝分娩，地動山搖，生下了折怒。[2]

　　烏撒「則溪」制度的具體內容，我們已難以知曉。所幸水西君長國實行了相同的制度，而且在明清時期的漢、彝文獻中有相當詳細的記載，足資參考。則溪是水西政權的基本行政單位，整個君長國共設置了嘎婁、安嘎、隴垮、斗堵、朵勒、於底、洛莫、熱臥、以著、化角、雄所、慕柯、火著十三則溪，其地西起今六盤水市水城縣，越過鴨池河，東抵貴陽市，綿延數百千米。今天的貴陽市區，還有一些地名同則溪是密切相關的。

　　彝書《阿買懇》用形象的語言，對每個則溪做了生動的描繪：

　　　　妥阿哲境內，去來要翻山，是嘎婁則溪……以飛鳥命名，
　　　指安嘎則溪……高處出蕎麥，中部出美人，指隴胯則溪……
　　　騎馬好比打鞦韆，指的都則溪……步行路艱難，汗水不離
　　　身，指冬婁則溪……猶如象背上搓繩，似象毛蓬鬆，指迂底則
　　　溪……彝寨地勢寬，漢寨地勢大，指六慕則溪……高山日不
　　　照，壑谷露不乾，指熱臥則溪……彝家轄地內，掌權人輩出，

1　例如，今四川涼山地區的著名史詩《勒俄特依》中專門有一章敍述其人其事，貴州西北部地區流行的大部頭彝文經典《彝族源流》中也記載了支格阿魯的譜系，我在貴州開展田野工作時，也常常聽到支格阿魯的傳說。

2　參見貴州省民族事務委員會古籍辦、貴州省畢節地區彝文翻譯組編，阿洛興德整理翻譯：《支嘎阿魯王‧俄索折怒王》，149~152 頁。

指以著則溪…… 雲霧遮蓋天，稱霸於白巖，指化角則溪……
冬晴雪不化，夏晴露不乾，指雄所則溪…… 好比用銀裝飾裙
子，好比用金裝飾裙子，指慕胯則溪…… 家中無絲綢，帳幔
無限長，指火著則溪…… 十三個則溪，慕胯地盤廣，則溪勢
力大。[1]

　　每個則溪都會設一個大倉庫，用以保管徵收來的錢糧，在彝語中
「則」即倉庫之意。[2] 我甚至懷疑每個則溪都有一個市場，因為「溪」意
為集市。十三則溪中，有一個則溪為君長親領，其餘分別歸十二宗親
統轄。宗親所轄的則溪，通常分為兩個部分，一部分是宗親的土地，
即「各目私土」「目地」，另一部分即君長的土地，即「公地」。

　　則溪主要有兩種職能，一是管兵馬，二是管糧草，相應地設置
了兩種類型的職官。在兵馬與錢糧官下面似乎還有職位更小的穆濯、
奕續、土目等。每個則溪都必須向君長繳納貢賦，何種情況應繳何種
物品以及數量多少等都有詳盡的書面規定，管理上完全做到了有規可
循。此外，君長分佈在各個則溪的土地或許是由各宗親負責耕種、管
理，這可能也是他們的一項義務。[3]

　　除水西、烏撒外，川南的扯勒君長國亦將土地劃分為重慶、合
江、瀘州、江門、納溪、江安、隆文、海壩、杓朋、永寧、達佐、赤

1　貴州省畢節地區民族宗教事務局、貴州省畢節地區彝文翻譯組編，韶明祝譯：《諾灑
　　曲姐》，211~218頁，貴陽，貴州民族出版社，2002。
2　參見胡慶鈞：《明代水西彝族的奴隸制度》，見《明清彝族社會史論叢》，上海，上
　　海人民出版社，1981；史繼忠：《明代水西的則溪制度》，32頁。
3　以上參見溫春來：《從「異域」到「舊疆」：宋至清貴州西北部地區的制度開發與認
　　同》，18~22、67~70頁。

水、大擺、益朋、糯洛、幾洛、果哺、毛壩十八個則溪[1]，由於材料所限，尚不知其他君長國是否實行類似的行政制度。

俄索折怒王的豐功偉績，使得他在黔西北的婁素中享有崇高的威望，他們創作了一首長詩來紀念他，其中有云：「走路常要回頭看，折怒王的故事有人傳。布摩用文字記錄，歌手們代代傳唱。篤洪納婁的山陷了，折怒事跡也留傳。巴底的海水乾了，折怒英名不失傳。」[2]

四、妥阿哲

婁素君長國的獨立狀態，在宋元遞嬗的大變局中被打破。倚仗橫掃六合的武力，元王朝原擬將西南族類盡收「版圖」，眼看抵抗甚烈，又改而承諾，那些君長、酋長們只要投誠歸附，即可維持原有的統治權力，土司制度由此建立。元亡明興，當朱明王朝的大軍登上雲貴高原之際，婁素君長國紛紛歸順，又搖身變為新王朝的土司。經過元明二代的開拓，中央王朝與婁素君長國兩者的「國家」傳統互動交織，在西南塑造出了新的社會秩序，其詳情可參見拙著。[3] 在此僅敍述妥阿哲的故事，展現其中的一個側面。

在婁素的文獻與民間傳說中，妥阿哲是默祖慕齊齊的第 24 代

1　參見王士舉：《扯勒家支譜系及所屬「則溪」譯註》，見貴州民族研究所編：《貴州民族志資料・彝族卷》。彝書《水西制度》《彝族源流》（第 24 卷，《扯勒的則溪》）所載與此同。

2　貴州省民族事務委員會古籍辦、貴州省畢節地區彝文翻譯組編，阿洛興德整理翻譯：《支嘎阿魯王・俄索折怒王》，210 頁。

3　參見溫春來：《從「異域」到「舊疆」：宋至清貴州西北地區的制度、開發與認同》，107~137 頁。

孫，其兄妥莫哺是芒部君長國的開國英雄。在漢文文獻中，他被稱為濟火、火濟，活躍於三國時期，是水西君長國歷史上的關鍵人物。然而其人其事不見於《三國志》《華陽國志》等較早期的史籍，明代成化年間，水西君長安貴榮請國子監祭酒周洪謨撰寫《安氏家傳序》時，講述了自己祖先的故事：蜀漢建興三年（225），諸葛武侯率軍渡瀘，南征孟獲，濟火獲悉後，貢獻糧草，願為向導，武侯大喜，命其為前鋒；大軍凱旋後，濟火又攻打「仡佬氏」，開疆拓土，武侯遂封其為羅甸國王，從此奠定了水西的千年基業。[1]

　　作為儒家士大夫，周洪謨敏感而欣喜地感受到了濟火的故事所蘊含着的效忠中央王朝的寓意，通過他的生花妙筆，這一故事引起了官員、士人們的共鳴。此後不久撰修的弘治《貴州圖經新志》抄錄了這個故事，通志、府志、縣志和私家著述爭先效仿，幾百年間長盛不衰。眾多史料互相呼應，濟火征南之事儼然成為信史，並由此產生出一種強大的力量，將濟火打扮成貴州最早的鄉賢之一，奉上神壇，甚至遙遠的黔東南地區都建祠供奉濟火。此外，濟火還進入了許多地方的武侯廟，陪伴着諸葛亮安享犧牲玉帛。濟火故事的細節，亦愈發豐富，層層疊疊，累積明顯。例如，康熙年間，貴州巡撫田雯所著《黔書》稱濟火「深目長身，魋面白齒，以青布為囊，籠髮其中，若角狀」，這顯然是融入了自己所見的貴州婓素男性形象。不過，「籠髮若角」的習俗，在今天貴州的彝族中已經消失，而四川涼山彝族男性的

1　參見畢節地區民族事務委員會編，畢節地區彝文翻譯組譯：《西南彝志》第 7~8 卷，284~297、313~315 頁，貴陽，貴州民族出版社，1994；（清）張廷玉等：《明史》卷三百十六《貴州土司傳》；（明）周洪謨：《安氏家傳序》，見嘉靖《貴州通志》卷十一，上海，上海書店出版社，1990 年影印本。

「天菩薩」髮型，仍然與此相同。[1]

在敘述完濟火的事跡之後，田雯慨然歎曰：

> 濟火一荒陬土帥耳！武侯渡瀘之日，孰為之計大義、明王章者？而毅然以助順樹勛，崛起一隅，為蠻王長……不可謂不豪矣！迨乎累世相承，奄有爵土，要皆以識機達變，宣力效忠，始終不失人臣禮，故得以長奉西藩，受恩罔替，非徒以為甌脫而姑羈縻之也。[2]

通過濟火的故事，田雯表達了這樣一種主流認識：水西土司統治的合法性，源於對中央王朝持續不斷的宣力效忠。相信這也是他的明代前輩周洪謨的看法，事實上，《安氏家傳序》着墨較多的祖先，均與中央王朝有聯繫，堪稱典範。例如，普貴在宋開寶年間納土歸附；阿畫被元王朝賜名帖木兒卜花，封為順元郡羅甸國侯、濟國公；靄翠歸順明王朝，赴京朝見朱元璋等。

這樣一種敘事模式及其所蘊含的意識形態，在彝文文獻中也有所反映，《助孔明南征》云：

> 蜀漢皇帝時，孔明先生出兵，征討南方，與叛帥交戰時，祖先妥阿哲，出兵助漢皇，供給軍糧，為其後援，攻無不克。漢皇帝說：「妥阿哲此人，是一位忠臣。」將長官職位，賜給妥阿哲，加上紅印敕命，一併賜給妥阿哲。漢皇帝之時，妥阿哲

1　參見溫春來：《彝、漢文獻所見之彝族認同問題 —— 兼與郝瑞教授對話》，載《民族研究》，2007(5)。

2　（清）田雯：《黔書》卷三《人物名宦·濟火》，上海，商務印書館，1936。

成長官，皇帝又給晉爵，叫他攻打南方，其地一攻即破，北向扯勒地推進，到恆那達的，所屬地方。……勿阿鼐（按：妥阿哲之前五代祖）創建基業，妥阿哲發展基業，住在慕俄勾（即水西君長的駐地，今大方城）。[1]

在這段材料中，濟火受封與開疆拓土均係皇帝而非孔明之令，惟效忠王朝以獲得統治合法性之寓意並無二致。水西君長們還專門鑿石立碑，銘記祖先偉業，碑文為彝文，至今尚存，其中有云：

帝師勝利歸來，將彝族君長的功勛記入漢文史冊。阿哲的邦畿可稱興盛的時代，猶如太陽的光芒閃耀一方，呈現安居樂業景象。帝旨傳來，長者身穿錦袍，儼然是一代威嚴的君長。

到了建興丙午年，封彝君國爵以表酬謝。治理慕胯的疆土。[2]

讀史至此，我們難免疑問重重。濟火故事反映的統治合法性，在元代土司制度建立之後自然在情理之中。然而，在被王朝視為「異域」的那些時代，獨立的君長國統治者們，怎麼會有這樣的認識？從來不知漢人王朝為何物的水西百姓，又怎肯接受這樣的說辭？

水西境內發現的一些碑刻，足以解開這個疑團。明代，當君長國內的某些工程竣工時，往往會勒石為記，常常還會出現兩方碑刻，一方為漢文，一方為彝文，然而兩種文字表達的內容卻每每有風馬牛不

1　《助孔明南征》，見畢節地區民族事務委員會編，畢節地區彝文翻譯組譯：《西南彝志》第 7~8 卷，313~315 頁。

2　貴州省畢節地區民委、六盤水市民委、大方縣民委編，貴州省畢節地區彝文翻譯組、大方縣彝文編譯組譯：《彝文金石圖錄》第 1 輯，7 頁，成都，四川民族出版社，1989。

相及之處。茲以大渡河橋碑為例。該橋位於大方城東 40 千米的大渡河上，乃萬曆二十八年（1600）水西君長安國亨下屬、貴州宣慰司同知安邦出資修建，歷四百餘年風雨而不毀。橋頭立有彝、漢文建橋碑記兩方。

　　漢文碑共 681 字，為水西君長、貴州宣慰使安國亨所撰。通篇所貫穿的，是王道、忠、仁、孝、慈的觀念，頗類於內地士大夫們撰寫的碑記。引人注目的是，水西土司一方面要理解與接受（至少在表面上接受）這一套價值觀，對明廷稱臣、朝貢、繳稅並應役，另一方面，又將這些觀念引進水西，儼然以君王自居，要求屬下對自己忠，對百姓仁，對長輩孝，「大王道，小私思」。此外尚需指出的是，漢文碑雖表達的是士大夫們的觀念，但其中也交織着婁素文化的影子。石碑上的浮雕「白翅送日」「根固彩巖」都是婁素傳說就是一個明證，對於既不識彝文也不識漢文的普通百姓而言，這些浮雕可能更易引起共鳴。

　　彝文碑達 1,972 字，表達與強調的是另外一套規範和價值。碑文的前半段，講祖先的歷史，從篤慕、六祖、勿阿納等一直講到阿施等十多位賢明的祖先。後半段講造橋的緣由、經過及意義。碑刻開篇即云：

　　　　開天闢地，六祖有好根，傳到默德施（水西安氏的遠祖）。德施九天君，遍居中部地帶。

　　　　其他且不表，只敍慕齊齊、勿阿納、妥阿哲，他們來自篤慕之地，為一方賢君，興了祭祀，解除冤怨，還了願信，以致昌盛，福運降臨了，人煙繁盛了。

後面又云：

　　我祖默阿德，做了君主，權位很高……到處設官治理。
君的威榮很高，臣的權令很大。

　　彝創制權令，漢因勢治理，所為很好啊。

　　碑文傳遞的信息很清楚，水西統治的合法性是來自六祖的「好
根」，並能謹行祭祀。彝威並不是漢威所賜，彝權是自己創制的，漢
權無非是在此基礎上「因勢治理」而已。這些觀念，並非碑文起草
者的個人發明，《西南彝志》《彝族源流》等大部頭彝書中的諸多內
容，都與此相互呼應。我們有理由相信，勾政權對自身合法性的原本
敘述，即體現於此。在明代新的政治形勢下，勾政權的上層在堅持統
治合法性來源於本族傳統的同時，在許多場合富於技巧地將其歸因於
對王朝的效忠，形成了彝威與漢威交織以及兩種價值觀並行不悖的情
景。但此時中央王朝的禮儀與意識形態僅僅影響到君長國的上層，普
通原住民並非王朝的編戶齊民，漢人官員、科舉考試對他們而言是相
當陌生的事情，同時也只有土司等被要求學習漢文與漢禮。顯然，對
中下層社會而言，君長、土目的權威實實在在地滲透於自己的日常生
活中，而中央王朝、漢人官員的權威則遙遠而模糊，不用也不必去過
多理會。

　　接下來該敘述君長國群體的覆亡了，這是從明初就已開始的歷
程，我們就來觀察其中的一個片段吧。

五、奢崇明

　　清水河發源於川滇邊境的崇山峻嶺之中，向東北一路奔流，到
達四川敘永縣，是為扯勒君長國的核心區域。河水在敘永縣城繼續北

去，稱為永寧河。明代，扯勒君長國歸順後，被封為永寧宣撫司，祿照為首任宣撫使，宣撫使為從四品，在土司品級中位居二等，僅次於從三品的宣慰使。祿照傳子阿聶，阿聶之後，君長們才採用漢姓——奢。[1] 兩百多年後，奢崇明成了扯勒的君長。

奢崇明的知名，源於他發動了一場規模浩大的反明戰爭。他本非君長嫡系。萬曆初年，永寧宣撫使奢效忠去世，其妻奢世統無嗣，由其妾奢世續之子崇周襲位，因其年幼，實權掌於奢世續手中，而奢世統則與小叔子沙卜相通並倚之為助，兩位婦人為爭權而兵戎相見。朝廷乘機分裂永寧土地，讓世統、世續分地而治，待奢崇周長成後襲職。不料崇周早夭，在世統的扶植下，奢效忠之姪奢崇明得繼大位，但奢世續卻藏匿宣撫司印不給，並依仗其女婿、鎮雄土知府隴澄與世統仇殺。

隴澄本是水西君長安疆臣的弟弟，原名安堯臣。萬曆年間，他入贅芒部，改名隴澄，時逢芒部君長（鎮雄土知府）隴清及其弟隴源故絕，隴澄遂行使知府之權。事實上，各大君長國之間相互通婚，君長之職「彼絕此繼」乃相沿已久的習俗，甚至也不違背明王朝的土司承襲制度，但當四川官員們發現這一事實時，仍然迫使隴澄退位並回到水西。

奢崇明在險惡環境中成長，最終掌握了扯勒部的實權。十餘年後，毗鄰的播州宣慰司被改土歸流，周邊一眾土司油然有脣亡齒寒之感，奢氏更是感到寒意逼人。因為一些地方武官以奢崇明襲位的手續尚未辦完為由，積極建議永寧改流，而貴州巡撫張鶴鳴要求奢氏歸還永寧所侵佔的赤水衛白撒所的屯地，讓奢氏的不滿情緒進一步積累。

天啟元年（1621）三月，滿洲兵攻克瀋陽，大敗明軍於渾河，

1　參見（清）張廷玉等：《明史》卷三百十二《四川土司傳二》。

直搗遼陽，京師戒嚴。北方的危機觸發了西南的騷亂——正如近兩百年前土木堡潰敗之後西南眾多非漢族群發動叛亂一樣。奢崇明主動請求調馬、步兵二萬（一說三萬）遠赴東北助戰，得到批准後，他派遣女婿樊龍、部黨張彤等領兵至重慶，就在這裏久駐不發。四川巡撫徐可求移鎮重慶，督促永寧兵趕緊起程。樊龍等請求增加糧餉，就在徐可求前來檢閱、核實永寧兵馬之際，樊龍等突然發難，殺害了徐可求。重慶落入永寧手中，奢崇明建國大梁，蜀中為之震動。朝廷被迫重新定義與水西的關係。

不斷削弱乃至消滅土司，將朝廷在西南非漢地區的直接統治範圍由線拓展為面並持續擴大，是明王朝的基本策略，奢崇明親眼所見的播州覆滅、隴澄去職、倡議永寧改流等都是如此。朝廷和地方大員為此翻雲覆雨、食言而肥均屬常態。以水西而論，當平播（州）戰爭方殷之際，水西君長安疆臣之弟隴澄統治芒部之事不但未被追究，明軍統帥朱燮元還多次嘉獎安氏母子兄弟，曰「賢母賢子，難兄難弟」，「是母是子，難兄難弟」。但戰爭一結束，隴澄的合法性就遭到苛刻質疑，被迫回到水西。萬曆三十六年（1608）安疆臣去世後，水西與朝廷的關係進一步惡化。黔省官員在承襲之事上一拖再拖，勒索重金，安疆臣遺子安位數年不得襲。當時安位年齡尚幼，貴州巡按楊鶴趁「寡婦孤兒仰我鼻息之日」，清查水西「戶口扼塞之數，與頭目漢把主名」，以圖深化對水西的控馭，增加錢糧收入。另一方面，大量飢餓不堪的「仲苗」聚集水西，搶劫官道，明廷接到巡撫李枟的奏報後，立即指示將賊黨擒獲正法，並要重處「抗違庇護」的土司。當時因為土司之間的爭鬥，朝中以及地方官員積極討論嚴懲水西、烏撒、鎮雄的土官土目，甚至打算「合兵剿除」。

奢崇明起事之後，朝廷對水西的態度立即發生了戲劇性的大逆轉。貴州巡按史永安嚴厲抨擊了阻礙安位承襲的種種行徑，朝廷以極

快的速度予以響應，一個月後，年幼的安位順利襲職，其叔父安邦彥
受命征剿永寧。官員們可能相信，水西有討伐永寧的動機：安位之母
奢社輝來自永寧，其夫去世後，她與奢崇明之子奢寅爭地，兩下兵戎
相見。

　　然而，以為水西會樂於助剿永寧，無疑是幼稚的想法。君長國之
間的明爭暗鬥，無礙於他們內心深處的一致對外，朱元璋就曾提到東
川、烏撒、烏蒙、芒部、祿肇（即永寧）、水西等，「無事則互起爭
端，有事則相為救援」。

　　安邦彥這次徹底玩弄了朝廷一把。在受命剿永寧的幌子下，他擁
兵至貴陽附近，領取餉銀六千，然而他並沒有出兵北上，餉銀則被他
用來籠絡、收買「苗仲」。當時水西大兵雖聚集在貴陽城外，但安邦
彥尚狐疑不定，既不遠征永寧，也不敢公開反明。天啟二年（1622）
正月，奢崇明利用漢人軍師何若海的計謀，傳檄假稱成都已被攻破。
安邦彥聽聞，立即進攻貴陽。水西「地大而力盛」，甫一參戰便引起
了連鎖反應，烏撒君長安效良、水東宋氏土司以及各路「苗仲」紛紛
出兵響應，「綿亘長驅，動搖數省」。時人稱：「今天下兩大患，東則
遼，南則黔。」與此相應，明廷在籌措經費方面專門設置了「京邊」
與「黔餉」。

　　從天啟元年（1621）到崇禎三年（1630），明王朝卒十年之功，
動黔川滇湖四省兵力，費百萬餉銀，終於攻佔永寧，並消滅了安邦
彥、奢崇明、安效良與水東宋氏，重創了黔西北、黔中、川南一帶的
土司勢力。烏撒在安效良死後基本停止了與明軍的對抗，而水西亦於
崇禎三年（1630）乞降。當時朝廷同樣已精疲力竭，特別是經費艱
難一直制約着軍事行動，「京邊」與「黔餉」難以兼顧，在這種情況
之下，總督軍務的朱燮元同意招撫安位，但附帶了四個條件，包括將
烏江上游鴨池河以東的土地割歸朝廷、開通畢節驛道等。安位一一順

從，雙方之間的較量告一段落。

實力受到削弱的水西，一直存續到清康熙三年（1664）。此時，水西君長安坤早已歸順成為新王朝的土司，而控制着滇黔二省的平西王吳三桂，正在對水西的財富垂涎三尺。他很快捏造了一起安坤反叛的「事實」，對毗鄰的烏撒君長國，則加上「亦反側叵測」的莫須有帽子，一併打擊。戰爭不到一年就結束了，兩大君長國覆亡，一大片「羈縻之地」變成了王朝的「新疆」，康熙二十一年（1682）到此為官的黃元治，描述了這一天翻地覆的變化：「安氏烏在哉？濟火無遺族，山川隸版圖，建郡設民牧。」詩人彭而述更為形象地抒發了自己的欣喜之情：「前此一萬八千年，中國王會不能宣。開山鑿石逢今日，普天長貢水西篇。」

殘存的各婁素君長國，同樣逃不過滅亡的宿命，到了雍正年間西南用兵之後，全部君長國就都成為歷史了。然而，改土歸流並不能立即創造出全新的秩序，以前在君長國中享有權力的土目等，仍然在很大程度上控制着地方社會，這需要比軍事征服更漫長的時間來解決。[1]

六、阿之立阿

2001 年，我在屬於前水西君長國的大方、畢節等縣調查時，聽好幾位報道人講述過一個不可思議的故事。他們説，當年吳三桂平定水西後，許多彝族支系渡過金沙江，遷到了四川涼山，在那裏安家。20 世紀 80 年代初，風言他們要打回來，給黔西北民間造成了極大恐

---

1 以上敍述，參見溫春來：《從「異域」到「舊疆」：宋至清貴州西北部地區的制度、開發與認同》，156~169、183~223 頁。

慌，一些漢族和苗族甚至打算變賣家業，搬往他處。

打回來云云，自然是無稽之談。我驚訝的是，素有「中華民族的鐵豆」「獨立羅羅」之稱，尚武好戰，經常掠賣其他族類為奴的涼山諾蘇，為何會接納滇黔二省夔素的難民殘兵呢？這是傳說還是有着相應的史實基礎？聯想到當年太平天國的翼王石達開正是在涼山地區遭到圍堵而身陷絕路，這一問題的重要性就不言而喻了。

1. 沙馬土司的興衰

在涼山，最高首領叫「茲毫（茲孟）」，其發音與滇黔夔素君長國的「君長（祖摩）」極為相近。諳熟涼山彝文的嶺光電解釋說：

> 茲有作主、權力、王、君長之意；毫有調解、傳達、過話、會議、臣僚之意。合成詞就可直譯作君臣。彝族古代君長由長房長子世襲，臣僚亦由君長之至親弟兄或子姪世襲或擔任。臣可代表君長出外處理事，這時群眾以君長來對待或稱呼。如舊社會土司之弟兄子姪本是土舍，可是彝漢民仍稱之為土司一樣。也有時毫（臣僚）率領一部分人去別處闢疆開土，到統治一定地區和民眾時，也可成為當地的部落首領茲——君長。因此茲（苴君）與毫（臣）聯成一詞就成為君長了。[1]

當中央王朝的力量進入涼山之後，一些「茲毫」受封成為王朝的土司，其濫觴可上溯自元代的羅羅斯宣慰使。[2] 清初，滇黔君長國群體

1　溫春來、爾布什哈主編：《嶺光電文集》（中冊），238頁。
2　參見歐潮泉：《關於四川大小涼山彝族的土司制》，載《教學與研究》，1958(3)；胡慶鈞：《元初未設過羅羅斯土官宣慰使嗎？——與杜玉亭同志商榷》，載《民族研究》，1980(5)。

敗亡之際，涼山的土司們大體安然無恙。經明而至清，雖然有明代馬湖土知府等土官的改土歸流，但隨着清王朝力量在涼山地區的拓展，新封土司不斷出現，土司數量反而有增無減。不過，清王朝能設土官間接統治的，仍然主要是涼山邊緣地區，《清史稿》云：

> 涼山夷倮儸者，居寧遠、越巂、峨邊、雷波、馬邊間，淺山部落頭目屬於土司。深入則涼山，數百里皆夷地。生夷黑骨頭為貴種，白骨頭者曰熟夷，執賤役。夷族分數百支，不相統屬。[1]

《清史稿》所述不盡準確，像阿卓土司就曾駐牧於大涼山腹地的美姑，康熙年間被黑彝擠壓出大涼山，退到了屬於小涼山的雷波。同樣遭到黑彝驅逐的，還有利利、沙瑪（馬）等，均為有名的大土司。[2]

在清代與民國，沙馬土司號稱涼山四大土司之首。不過，在明代，沙馬家尚未真正受封為土司。明初在羅羅斯地區建立衛所，設四十八馬站，許多部族首領，被委以馬站火頭之職，沙罵（馬）即其中之一，人們一般稱其為土目。[3] 迨至明末，沙馬日博拉承襲土目，無子，只生一女名莫吃樹阿亞。這個看似已陷於衰敗的家族，因為貴州的阿之立阿（漢名安獲潔）的到來而煥發了生機。

包括沙馬土司族人在內的所有報道人的口述，都認定安獲潔是貴州水西君長國的後人。但有的口碑資料已不盡準確，或稱安獲潔祖上被封為貴州鎮雄蠻鄉府土司，鎮雄屬雲南，乃芒布君長國地盤，這顯

1　（清）趙爾巽等：《清史稿》卷五百十三《四川土司》。

2　參見四川省美姑縣志編纂委員會編：《美姑縣志》，10、535、694~695 頁。

3　參見何耀華：《涼山土司考索》，載《社會科學研究》，1981(2)。

然是把水西所在地指鹿為馬；或云安獲潔及其所轄百姓原居住於貴州威寧和雲南昭通一帶，但此二地分別為烏撒、烏蒙二君長國，同樣與水西無涉。不過，這些錯訛之處顯示，幾百年之後，涼山地區仍然保留着對滇、黔地區那些君長國的記憶，儘管其中充滿着混亂。

事實上，當禍從天降、「國」破家亡之際，逃往涼山成為諸多君長國殘餘力量的上上之選，此不獨貴州為然。雍正四年（1726），雲貴總督鄂爾泰在滇東北用兵，「洗劫夷寨，斬殺無數」，在米貼，幾天之內把三萬餘人殺盡，大量「夷人」渡過金沙江，進入四川涼山，《東華錄》稱「烏倮數萬，半已渡江，外則勾連涼山」。[1]

涼山彝人願意接納這些窮途末路者，當然不是因為他們都被稱為「羅羅」「夷」，而是緣於大家有着同族的認同以及長期交往的歷史。雖然涼山地區並不存在大洪水之後六祖分支的傳說，但涼山的諾蘇相信自己與雲貴高原上那些君長國的人群有着深厚的淵源，他們自己的經書記載，始祖古候、曲宜二人，從雲南渡過金沙江，進入大小涼山，「畢路襤褸，以啟山林，射獵耕牧，以居以行。子孫蕃衍，是為涼山之倮族（諾蘇）」。在他們看來，雲南昭通是倮王古都，他們奉其為聖地。[2]20 世紀 50 年代，民族學調查者們根據各種口碑資料，認為涼山地區彝族多係從滇、黔特別是雲南遷來，遷徙原因，或因人口繁衍，或因漢兵征討，或因叫魂引路而來。[3]故事的意義，在於接受性而非真實性，大家願意講述它、認可它，構成了對雲貴高原上那些婁素們的認同基礎才是關鍵。20 世紀 30 年代，嶺光電在南京中央軍校

1 參見方國瑜：《涼山彝族的來源、分佈與遷徙》，見《民國問題五種叢書》雲南省編輯組編：《四川貴州彝族社會歷史調查》，昆明，雲南人民出版社，1987。

2 參見嶺光電：《倮情述論》，1~2 頁。

3 參見馬忠明、王樹五等：《關於彝族的一些歷史傳說和史實》，見《民國問題五種叢書》雲南省編輯組編：《四川貴州彝族社會歷史調查》。

讀書時，結識了正在南京女中讀書的貴州水西少女安成，深為傾慕，亦有人想促成他們的婚姻，但嶺對自己的前途較為悲觀，不想連累安成。涼山彝族以實行嚴格的族內婚著稱，黑、白彝之間都不通婚，而歷史上，黔西北彝族為了維持自己種族的純潔，亦不輕易與他族通婚。[1] 但這並不構成嶺、安聯姻的障礙，因為「水西安家的大名早已傳遍涼山，受到尊重」。真正的麻煩在於，當時安成已經不懂彝語，「若落後的親戚不相信她是彝族，事情就危險了，因此我不敢有進一步的表示」[2]。可見，當時涼山諾蘇大都認為水西嫛素是自己人，涼山與水西之間的聯姻並無多大障礙，除非對方水西嫛素的身份受到懷疑。

有必要指出的是，今天被識別為彝族的人群，自稱多種多樣，計有諾蘇、諾蘇濮、阿西濮，等等。在彝族最重要的聚居地涼山，大多自稱為「諾蘇」「諾蘇潑」，與滇東北、黔西北彝族的自稱「嫛素」或「嫛素濮」極為近似。但音近未必意同，「諾」意為「黑」或「主體」，「諾蘇濮」之意為「主體的族群」或「尚黑之族」，「嫛素濮」的含義與此大相徑庭，資深彝文專家、曾任畢節地區彝文翻譯組組長的王繼超認為「嫛素（濮）」意為大地中心或世界中心的人[3]，這是相當有見地的。「素」和「濮」都帶有「人」之意，「嫛」則隱含着「中間」的意思。不過，雖然族稱的內涵有差異，但這並不妨礙嫛素與四川涼山

1　例如，明朝人包汝楫所著《南中紀聞》稱：「（水西）羅鬼人擄中國男女，仍以中國男女配耦，並不給配本地人，云恐亂其種。」

2　溫春來、爾布什哈主編：《嶺光電文集》（下冊），245 頁。

3　這是 2000 年 9 月我在畢節採訪時，王先生親口所述。嫛素認為自己是居住在大地中央的人，這見諸嫛素的經典文獻，如《彝族源流》（第 13~16 卷，134 頁，貴陽，貴州民族出版社，1993）云：篤米（慕）的六子，如天上繁星，似地上茂草，遍佈中央地。其他彝書亦有類似記載：「阿魯到中央，走遍中央各處，篤慕（即篤米）的子孫，分六支人居住。」（畢節地區民族宗教事務局編，畢節地區彝文翻譯組譯：《西南彝志》第 11~12 卷，246 頁，貴陽，貴州民族出版社，2000。）

的諾蘇互視對方為我族，在《西南彝志》等典籍所呈現的視野中，涼山就是婁素的若干支系的遷居地而已。這一有趣的事實提醒我們，族稱的不同不一定造成族群認同的障礙，不同的人群可能認為對方屬於同族，儘管對用何種標籤來命名同族的看法並不一樣。[1]

涼山不但擁抱了這些來自雲貴高原的流亡者，而且一如既往地承認他們的高貴身份。為了躲避吳三桂的追剿，失敗的婁素從窩子谷、魯家谷、巴克谷分三路渡過金沙江，安獲潔率領一些黑彝、白彝家支從第三路過江，翻山越嶺來到沙馬土目的地盤，做了土目家的乘龍快婿，順帶繼承了土目之職，駐牧於古尼拉達和沙馬甲谷兩地。迨至康熙四十九年（1710），清王朝試圖加強對涼山的控馭，賜封了諸多土司以便實現間接統治，安獲潔後人安韋威於是年投誠，受封為沙馬宣撫司，獲印信、號紙及金印一顆，世代相傳，管有那多、扼烏、咱烈山、撒凹溝、結覺五大土目。沙馬土司盛時，統轄瓦崗地區以及美姑縣的大片土地，此外，昭覺、美姑、金陽三縣交界的古尼拉達一帶，昭覺、普格兩縣交界的孟不拉達一帶和金陽縣東北部，都是沙馬轄地。[2]

沙馬土司的輝煌一直持續到清末。此時，居住在古尼拉達、沙馬甲谷地區的阿陸家、阿侯家、蘇呷家等黑彝家支崛起，不再服從沙馬的統治，而且不斷侵奪其土地與百姓，土司被迫帶着屬民、娃子退出

1　參見溫春來：《彝、漢文獻所見之彝族認同問題 —— 兼與郝瑞教授對話》，載《民族研究》，2007(5)。
2　參見（清）趙爾巽等：《清史稿》卷五百十三《四川土司》；《沙馬土司統治地區的社會經濟概況》，見中國科學院民族研究所四川少數民族社會歷史調查組編：《涼山西昌彝族地區土司歷史及土司統治區社會概況》，1963。

古尼拉達。[1] 在日益走向衰敗之際，土司家族出了一位能人沙烈木只，漢名安登文。安登文 8 歲喪父，母親帶着他與 10 歲的哥哥安登俊在百姓家居住。6 年後，年僅 14 歲的他，渡過金沙江來到雲南永善縣，找到了與沙馬家世代姻親的土司浦學官，借得八十人和一批槍支、金錢，渡江而返。首先攻打桀驁不馴的阿土家、阿馬家兩支黑彝，征服他們後，又調他們的兵力進攻安柯呷都家，這樣一路征戰，力量迅速壯大。15 歲時，安登文在大坪子修建衙門，各地黑彝又重新歸附，沙馬土司迅速迎來中興。

安登文的目光，逐漸超出涼山一隅。1942 年，他來到了重慶，在貴州土司楊繼忠的帶領下，晉謁蔣介石和于右任，以組織大小涼山彝胞上抗日前線的說辭贏得了蔣的重視與欣賞，臨走時蔣發給他 630 套軍服，3 箱銀子，命其在涼山成立軍隊。不過，再再上升的安登文，最終毀於自己的忘恩負義與失道寡助。他強姦了恩人浦學官的寡嫂 —— 這寡嫂本來是要給浦學官轉房的，聽說其有孕後，又用武力將其搶過江來。1945 年，永善彝人阿合與安登文喝血酒盟誓之際，突然拔出槍來，出其不意地擊斃了安登文，原來阿合早已被浦學官等仇家買通。安登文死後，才幹遠遜於他的大哥安登俊無力支撐大業，沙馬土司再次衰落。[2]

2. 千絲萬縷

沙馬土司的歷史，折射出滇黔彝區與四川涼山之間千絲萬縷的聯

1　參見《沙馬土司統治地區的社會經濟概況》，見中國科學院民族研究所四川少數民族社會歷史調查組編：《涼山西昌彝族地區土司歷史及土司統治區社會概況》。

2　以上敘述參見《沙馬沙烈支來源、世系及近幾十年來的變化》，見中國科學院民族研究所四川少數民族社會歷史調查組編：《涼山西昌彝族地區土司歷史及土司統治區社會概況》。

美國飛虎隊飛機 B29 在雷波墜毀，李仕安（右一）作為向導陪美空軍上校穆雷
從西昌飛越駝峰航線到印度轉昆明，再乘車、步行到出事地點雷波咪咕，圖為穆
雷、李仕安與安登文土司的家屬合影

繫。此不僅沙馬家為然，例如，駐牧西昌安寧場一帶的河東長官司，不但認雲南為祖籍地，而且姻親範圍遍及涼山與雲南的諸多土司。道光年間，長官安世榮，前往雲南昭通迎娶前烏蒙君長（土知府）之曾孫女為妻。此外，與安氏土司家聯姻的尚有金陽沙馬安土司、越西邛部嶺土司、布拖與普格的阿都土司幾家。[1] 這樣的相互通婚，使得川滇黔彝區的土司之間總是沾親帶故，以末代阿卓土司、中華人民共和國成立後曾任四川省政協副主席的楊代蒂為例，涼山邛部土司嶺邦正是她親戚，沙馬土司是她舅家。阿都土司家絕嗣了，由沙馬家的安樹德、安學成先後去繼承，而安學成是楊代蒂的表弟，安學成的祖母是楊代蒂的姑婆。尤可注意者，楊代蒂的祖籍並非四川，清代中期，阿卓土司絕嗣，就在貴州畢節找了一個人來承襲，此人也是楊砥中的祖先，所以阿卓土司與楊砥中家族是親戚，楊代蒂喊楊砥中七哥。[2]

　　認同雲南、貴州為祖籍地，並不只是涼山土司的專利。在黑彝、白彝之中也普遍存在着類似情形。例如，會理縣有大黑彝，又稱老黑彝，傳說因最先來會理等處，故以「老」稱之。他們原住在貴州威寧，後遷雲南巧家地方，因逃避漢族官兵的屠殺，率領娃子來會理居住，至今傳十代左右。來會理較晚的有青彝，又稱為小黑彝，祖上原住貴州，後遷雲南，在會理定居才幾代。[3]

　　貴州的婁素們，同樣有着祖先遷往涼山的記憶。當地彝書和一些流傳久遠的民間故事認為，涼山彝人大體屬於六祖中的糯、恆二祖的後裔，並記載了一些遷徙涼山的情況，如烏撒地區著名白彝阿景家祖

1　參見吳恆：《西昌彝族土司及其家族墓誌銘》，見《民國問題五種叢書》雲南省編輯組編：《四川貴州彝族社會歷史調查》。

2　此段材料來自李仕安先生、楊代蒂女士的口述。

3　參見方國瑜：《涼山彝族的來源、分佈與遷徙》，見《民國問題五種叢書》雲南省編輯組編：《四川貴州彝族社會歷史調查》。

先在雲南東川魯女博吉大祭祖靈、清理宗譜後開始分支，其中有一支渡過那溢大江（金沙江）到達今四川涼山彝族自治州境內，稱「慕沽阿旨」。[1]

　　貴州彝書《阿玉哭嫁》可以讓我們更進一步考察川滇黔彝族的交往圈與族類觀念。乃恩舍偉係雲南赫海珠舍（芒布）地方史吐能彝家支的姑娘，嫁到貴州紀俄勾（烏撒）馬嘎能彝家支後，生了女兒吾茹阿玉，許配給金沙江北岸涼山地區侯阿苻家。到了迎娶的日子，阿玉卻不願遠嫁，向雙親哭泣，阿爸安慰她：「……當你出閣時，慕俄勾家，赫海珠舍家，德歹濮卧家，旨堵能彝家，所有這些家，君長（仇訶）及家族，連庶出門弟，甚至到天上，喜訊都傳去……北部長的樹，都高大參天，北部流的水，都清澈見底，北部住的人，都屬糯家管。是這種情況。你有何不樂，我的阿玉呀？」吾茹阿玉以手拭淚：「那北部糯家，君長根基大，雖同屬六祖，不關阿侯苻！」阿爸繼續開導她：「如今的世道，受外族統治，猶風摧雄鷹，德畢（布）、德施、舉侯三支人，被外族統治，好與壞不辨，黑和白不分，象牲畜對待，沒有了尊卑，已經是這樣。地是北部雄，北部人有志……是皇帝家，沒法去統管。」吾茹阿玉仍然擔心自己不適應北部的習慣，說：「天地間英雄，六祖的業績，我曾經聽說……那北部的人，不講究穿戴，用活的棕皮，製作衣服穿，不興修髮式，臉也不用洗，常年不穿鞋，語言不相通，同他們相處，我一生難過，如流水受阻，叫我如何過？」阿媽勸慰她：「眼下的世道，彝家無君長，外族武力強，但憑其做主。外族都得志，凡事為外族。既成了這樣，那北部的人，彝（婁）家自掌權，租賦收得廣，租賦收得寬，保存彝（婁）典章，禮

1　參見畢節地區彝文翻譯組編，王繼超、王子國譯：《彝族源流》第 24~27 卷，524~526 頁，538 頁註釋，貴陽，貴州民族出版社，1998。

儀存完善，自主定婚制，有條理可依。」在經過一番哭訴與開導後，婚禮如期舉行，吾茹阿玉一路跋山涉水，歷十餘天，終於到達侯阿符家，圓滿完成了婚禮。[1]

從「如今的世道，受外族統治」，「眼下的世道，彝家無君長」等語句來看，該篇作於清代黔西北、滇東北等地改土歸流之後，但涼山一帶的彝家甚至到 20 世紀 50 年代之前還保持着相當大的獨立性，所以說「地是北部雄」，「彝（娄）家自掌權」。這個故事表明，儘管與涼山地區存在着語言、風俗習慣等方面的差異，但馬嘎能彝家依然強調大家都是六祖的子孫，並且認為北部地區的人和自己一樣，都是「娄素」。

1　參見貴州省民委民族語文辦公室編，王繼超、張和平譯：《烏魯諾紀》，88~166 頁，貴陽，貴州民族出版社，1997。

從選擇性共同體到普遍性共同體

　　本書的主人公們，力圖突破「五族共和」的框架，為「夷族」爭取一個明確的民族身份與政治地位。現實的政治環境以及深植於過去的歷史記憶，為他們提供了表演的空間與資源，他們在這個舞台上書寫着一種新的人群意識並刪改、增添、組合各種書面與口耳相傳的「歷史」，建構出了一種新的記憶。他們的努力，影響到了中華人民共和國政府的民族識別。

一、西南「國家傳統」的族群性

　　我願意把「西南國家傳統」作為本書的第一關鍵詞。

　　近年來，斯科特（James C. Scott）闡發了影響深遠的 Zomia 概念 —— 意即「無國家之地」，用以揭示那些主動逃離國家的人群，如何選擇生存於傳統國家力量難以深入的特殊地理空間（如高海拔地區），建立起更靈活與更平等的社會結構，缺乏文字等種種看似「野蠻」的文化特徵，其實是與此相應的主動選擇。[1] 在 2007 年的一次演

1　James C. Scott, *The Art of Not Being Governed: An Anarchist History of Upland Southeast Asia*, New Haven/London，Yale University Press, 2009.

講中，他甚至提出了「文明緣何難上山」的命題。[1] 斯科特的意思，當然不是簡單地將海拔高度作為國家產生的前提條件，而是說與集中的穀物生產相聯繫的國家通常產生於耕地面積廣闊的地區。在安第斯山區，易耕地分佈在高海拔地帶，於是國家在山上，Zomia 在山下。而在東南亞大陸，低海拔地區是穀物主要產地，國家自然也產生在這裏。正是在這個意義上，他把中國的雲南、貴州、廣西以及四川的一部分劃入了 Zomia 範圍，認為國家很難在這樣的地方建立，建立了也很難長期維持。然而，與斯科特的判斷相悖，在中國西南的崇山峻嶺中，歷史上長期存在着眾多「國家」，這是兩千多年前的司馬遷就已發現的事實。這些國家的產生與維持也不必以廣闊的農耕區為前提，本書所描述的那些君長國，許多就極其缺乏耕地。從《水西制度》《水西和扯勒的賦稅》等彝文古籍來看，君長國的賦稅有牛、馬、豬、羊、絲綢、布匹、銀兩等，穀物被置於末位。[2] 在西南的山區，穀物對國家產生的意義顯然被斯科特誇大了。

不過，本書不厭其煩地敍述西南「夔素」的「國家傳統」及其與四川涼山的關聯，目的不在於與 Zomia 對話，而在於揭示這一傳統在維繫身份認同方面的意義，我稱之為「西南國家傳統的族群性」。大範圍的人群認同都具有「想像的共同體」的性質，但缺乏根基的空想難以建構並維持大範圍的共同體。想像必須有所憑藉，文字、宗教、國家等都可以成為憑藉，它們單一或綜合地構成想像的基礎。與雲、貴、川廣闊地區的「夔素」認同相對應的，是若干結構相似、具有同宗共祖信念、相互往來並通婚甚至「彼絕此繼」的君長國上層集團，

1　參見中國人類學評論網，http://www. cranth. cn/1005/00004. html.

2　《水西制度》與《水西和扯勒的賦稅》尚未出版，畢節地區彝文翻譯組前組長王繼超先生為我講述了兩書關於賦稅方面的內容。

他們與四川的諾蘇上層也存在着千絲萬縷的聯繫。四川的「諾蘇」與雲貴的「婁素」，族稱發音相似，內涵有所區別，但他們都認為自身的族群範圍涵蓋對方，族稱的差異並不構成族群認同的障礙。君長國群體，已經族群化了。

　　從明初到清雍正的數百年間，在中央王朝的刀光劍影中，川南以及滇黔的君長國一一覆亡。土司被消滅了，但改土歸流未能立即創造出全新的秩序，在原「勾」政權任職的官員或受封者（漢語稱之為「土目」），仍然在很大程度上掌握着地方社會的實權。君長國體制並未在原住民的心中消亡，他們中的許多人仍然認為土目就是自己的「官家」，清王朝的流官反而缺乏權威，各種徵徭與命盜案件，只有委託土目，才能夠順利處理。而布摩雖失去了昔日的顯赫，但他們仍然長期主導着婚娶、喪葬、祈福、禳災等各種儀式活動，並掌握着大量用本族文字書寫的經典文獻，內容涉及家譜、歷史、宗教儀式、文學等，關於本族的來源、各主要家支及其在川滇黔的分佈、君長國的興衰，等等，悉載無遺。文獻與口述最大的不同是，前者一旦形成就具有相當的穩定性，許多彝人即便取得科舉上的成功，也仍然會從本族文獻中尋根從而維持自身的身份認同。例如，清乾隆三十九年（1774），水西君長國覆亡 100 多年後，在君長國中心地區的大定府，一位已取漢名的讀書人黃繼仍然撰文稱：「余上世祖考世系，往往迭出於夷冊書籍。」在「當今聖朝專以四書、三墳、五典之道統一天下」的情況下，他擔心隨着歲月流逝，本族文獻的傳承會遇到困難，所以特地用漢文敍述祖上追隨水西君長的歷史，將家世交代明白，傳諸子孫。[1]政權與文字傳統在維持身份意識中的作用顯而易見。

1　參見溫春來：《從「異域」到「舊疆」：宋至清貴州西北部地區的制度、開發與認同》，183~223、286~289 頁。

　　總之，改土歸流雖然削弱但並未真正摧毀婁素的上層以及相應的意識，川、滇、黔婁素的交往、通婚仍然在延續，形成了上文所描述的三省彝人上層之間錯綜複雜的關係。與此相應，他們對於「我族」的認知與想像，也仍然延續着過去的那種地域廣闊性，即便他們熟諳王朝禮儀與漢文之後也仍然如此。例如，清光緒年間黔西北彝人用漢文所撰的《水西安氏族譜》稱：篤慕長子慕阿梯（慕雅苦）「即今安順、普定、興義諸土司之祖也」；二子慕阿怯（慕雅且），「為孟氏，又為蒙氏，後孟獲氏仍長其部，為南詔、安南諸土司之祖」；三子慕阿賽（慕雅熱）「即今建昌、雷波、涼山、黃郎、波卜諸土司之祖也」；四子慕阿卧（慕雅卧）之後人「分二部，烏蒙，即今昭通陸氏，扯勒，今永寧、畢節八土司之祖也」；五子慕克克「即今霑益、宣威、普安、烏撒安、陸各土司之祖也」；幼子慕齊齊「後分三部，一曰東川，號兜主，今屬雲南，一曰芒布，即今鎮雄隴氏祖，一曰水西，即今大定、黔西、平遠土司祖也」。[1]

　　顯然，在族譜編撰者的心中，「婁素」散居於川滇黔各地，大致覆蓋了今日彝族所分佈的主要地域甚至有所超出。這樣的族類意識，深刻影響了民國時期「夷人」精英分子們所掀起的「夷族」運動。在他們的內心深處，「婁素」君長國的範圍以及四川涼山，是很自然的「我族」範圍。我們所看到的爭取「夷族」政治承認的精英們（本書僅論述了其中的一小部分），主要就是來自這一區域，只有喻傑才是例外，他來自雲南麗江七河鄉。

1　參見《水西安氏族譜》（見《北京圖書館藏家譜叢刊 · 民族卷》，北京，北京圖書館出版社，2003）之《羅甸安氏世系》。孟獲、安南等顯示族譜編修者在以彝書為主的同時，又加進了從漢文史籍中習得的一些知識，顯示出族群認同的複雜性。而南詔國是否彝族所建至今在學界仍有爭議。

二、客位標籤的主位化

那為何喻傑才會與他們聯合起來建構一個「夷族」呢？正如前文所述，明清時期的漢文獻書寫系統，已形成了對西南非漢人群的兩大分類。被稱為「苗」的地區與今天的苗族聚居區有較高重合度，但範圍超過後者，被稱為「夷」的地區則往往與今天的彝族聚居區相同或相鄰，範圍亦較後者為大。西南地區的大多數非漢族類，均可置於「夷」「苗」這兩大人群範疇之中。儘管今天被界定為彝族的人群的自稱各不相同，但至遲到清代，「夷」已逐漸被遍佈川、滇、黔等地的許多非漢人群認可和接受，漢人如此稱呼他們，他們在漢語語境中也如此稱呼自己。而「苗」成為黔東、湘西等地區的非漢人群講漢語時的自稱，同樣是普遍情形。喻傑才正是來自「夷」而非「苗」的地區，這就構成了共建「夷族」的基礎。

本書的主人公們都受過傳統漢文經典教育，他們向主流社會說明自己作為一個「民族」的身份時，用的是他稱「夷」，而不是本族的自稱，這顯然是一種精心思考後的策略。首先，這是正史書寫西南地區非漢族類時的常用詞，中華民國政府與漢人精英們對「夷」這一稱呼也非常熟悉，「夷」作為民族的歷史、現實根據不言而喻。其次，按今天的民族分類，儘管本書的主人公們幾乎都是彝族，但彝族的構成非常複雜，被識別為彝族的人群的自稱各不相同，多達幾十上百種。這就意味着任何一種自稱都難以讓所有人接受，外來的標籤「夷」，反而具有廣闊的覆蓋性。最後，在當時全國只確定了漢族、滿族、蒙古族、回族、藏族五族的情況下，西南的非漢族類只有聯合起來成為一個民族才有成功的可能性，如果各自為政，則必敗無疑。從這個角度看，「夷」可能都嫌範圍太窄，最好能將黔東、湘西的那些「苗」也包括進來，把西南地區大大小小的多個族群敘述成同一個

民族。事實上，這一策略很快便得到採用。1936 年 7 月，高玉柱等人發起的請願運動，就將民族身份定為「夷苗民族」，高玉柱還撰文從歷史、語言、風俗、社會組織、經濟生活等方面勾勒了「夷苗民族」的輪廓 [1]，在他們向中央的陳述中，「夷苗民族」人數多達兩千萬人。這樣將「夷苗」描繪成一個與漢族、滿族、蒙古族、回族、藏族並列的大民族，在國民政府的一些高級官員中引起了共鳴，國民黨中央宣傳部部長方治專門撰寫了一篇《為西南夷苗同胞進一言》，開篇即云：「西南夷苗為中華民族構成之一員，與漢滿蒙回藏各系同胞，共存共榮於歐亞大陸，已歷五千餘年之悠久歷史。」[2]

　　有趣的是，民國時期的貴州雷山人梁聚五也把西南地區紛繁複雜的眾多族群歸為「苗」與「夷」兩個系統，又把「苗夷」進而合稱為「苗夷民族」，並撰寫了一部《苗夷民族發展史》[3]，其方式與高玉柱等人異曲同工。惟因梁聚五是黔東人，在漢文史籍的書寫系統中屬於「苗」的區域，因此他把「苗」置於「夷」之前，與高玉柱的做法正好相反。

　　當然，「夷」「苗」合族的做法只是策略或出於某種方便，雙方都知道兩者終究有別。在很多場合中，高玉柱等人更強調的是「夷」，甚至完全不提「苗」，他們在南京的組織名為「西南夷族文化促進會」，他們辦的刊物，也取名為《新夷族》。嶺光電在民國時期所撰寫的論著中，對「夷苗民族」隻字未提。在談到自己族屬問題時，他用得最多的是「夷人」或「夷族」。

　　從「夷族」變為「彝族」，是中華人民共和國政府基於民族尊重、

1　參見高玉柱：《夷苗民族概括》，載《新夷族》，第 1 卷，第 2 期，1937。

2　方治：《為西南夷苗同胞進一言》，載《新夷族》，第 1 卷，第 2 期，1937。

3　梁聚五的《苗夷民族發展史》曾於 1950 年以鉛印版流傳，1982 年貴州民族研究所作為內部資料重新排印時更名為《苗族發展史》。張兆和、李廷貴將該書收入《梁聚五文集》上冊。

民族平等而做出的決定。「彝」在古漢語中是一個頗具高貴色彩的詞，除泛指各種青銅祭器外，還有「常道」「常法」之意。或許是與清王朝統治者自身的非漢身份有關，清代的官員與文人們常常用「彝」取代「夷」，泛指周邊族類[1]。在 20 世紀 50 年代的民族識別中，經過政府與民族上層精英協商，「彝」才成為固定的族稱。不過，雖然中華人民共和國成立後「彝族」這一族稱的出現是以「鼎彝」之意取代了舊的帶有歧視意味的「夷」的結果[2]，但「夷族」和「彝族」所涵蓋的對象顯然有很大不同，這從人數上就可以看出來。在由曲木藏堯、嶺光電、王奮飛、安騰飛、曲木倡民共同署名的《西南夷族文化促進會宣言》中，「夷族」人口多達兩千餘萬，有趣的是，這個數據在嶺光電後來的論著中直線下降。五年後的 1940 年，他稱「夷胞在川康邊境者，綜計約有二百萬之多，在黔在滇在湘，則共在千萬以上」[3]。又過了六年，嶺光電在《倮蘇概述》中給出了一個更保守的數據：約五百萬人。數量的驟減，除了趨於務實之外，還表明他已經清楚地將「苗」排除出考慮範圍，不認為整個川滇康黔四省區均為「夷族」區域。然而，據 1964 年的全國人口普查數據，儘管當時全國的總人口較之民國時期已增加了約兩億，但彝族人口仍然只有 330 多萬，遠

1　例如，明代首輔高拱記述安撫水西土司經過的《靖夷紀事》，清代康熙籠春堂刻本改作《靖彝紀事》。事實上，以「彝」代「夷」的情形是如此普遍，以至於乾隆皇帝諭令四庫館不得改書籍中的「夷」字作「彝」（參見《清史稿》卷四百八十二《劉逢祿傳》），但在時人所作的各種公文和書籍中使用「彝」字似乎不在禁止之列。

2　參見李紹明、馮敏：《彝族》，2 頁，北京，民族出版社，1993。一說，「彝」有米有絲，象徵着彝族有米吃，有絲穿。參見巫達：《社會變遷與文化認同 —— 涼山彝族的個案研究》，19 頁，上海，學林出版社，2008。

3　嶺光電：《倮情述論》，63 頁。

低於嶺光電給出的最保守數據。[1] 嶺光電等人的數據比較大的原因，固然是壯大聲勢的需要 [2]，但更重要的是，民國時期「夷人」精英們選擇的，是更接近明清漢文文獻模糊呈現出的，將廣闊西南地區的非漢族類大而化之地分為苗、「夷」兩類的舊途徑，而不是在民族識別中，更精細地區分為幾十種民族的新辦法。

　　總而言之，不管是雲貴高原上的「婁素」還是四川涼山的「諾蘇」，都認為對方屬於自己的族類，這一族類分佈於黔西北、滇東北、滇中、黔西南、黔中、川南、四川涼山等廣闊地區。以嶺光電為例，四川大小涼山無疑是嶺光電最熟悉也最感親切的圈子，但他同樣認同那個大致與傳統彝文文獻所描述的族群範圍相應，涵蓋了雲貴君長國範圍的更大的人群圈子，「夷族運動」的成員，主要就是來自這個圈子。這個圈子無疑比漢文文獻所模糊呈現出的「夷人」世界小，但為着實際政治活動的需要，他們可以向這個更大的「夷人」世界靠攏，甚至可以建構涵蓋面更廣泛的「夷苗民族」。

　　嶺光電等人不能迴避的是，還有一個更大的人群範疇 —— 中華民族。不管是「夷族」還是「夷苗民族」，都是中華民族的一部分，這是他們所認同的前提，也是向中央請願的合法性所在。他們力圖從學術上去論證「夷族」與「中華民族」的關係。一些「夷人」知識分子從體貌、語言文字、曆法、民俗等方面反駁過「西南夷族不是中國土著民族」的觀點 [3]，嶺光電也從語音中尋求「漢夷一家」的

<hr />

1　參見中國人口情報資料中心編：《中國人口資料手冊》，中國人口情報資料中心內部發行本，1983。

2　李仕安先生告訴筆者，為了得到重視，當時他們在估計「夷族」人口數量時都有誇大的傾向。

3　參見安成：《西南夷族不是中國土著嗎》，載《新夷族》，第 1 卷，第 1 期，1936。

證據[1]。除了學理上的闡釋外，他們也非常強烈地表達了「夷族」與漢族等其他民族是休戚相關的命運共同體的觀點，強調「夷胞」的愛國之心，指出在日本侵華戰爭造成國家危機之時，「夷族」對於抗戰以及整個中華民族的重要性[2]。這其實也可理解為一種通過雙向強調為本民族爭取利益的方式，即一方面表明「夷族」認同於中華民族，認同於國民政府，另一方面從利害關係的角度提醒政府重視「夷族」的必要性。

　　我們不能認為西南非漢族群精英們對「夷族」與「中華民族」關係的闡釋只是一種工具性的需要，而忽略他們內心對此的可能性認同。在嶺光電的文字中，我們可以發現他對漢文史籍的濃厚興趣以及對孔子、諸葛亮等歷史人物的崇敬，並能熟練地運用這些相關資料來論述「夷族」問題。在內地所受的系統教育，對他可能也有較大影響。在回憶軍校生活時，他曾提及在北平面對日本軍人時絕不低頭示弱、修築國防工事時充滿幹勁的場景，以及在聽説要同日軍作戰時亟欲「狠狠教訓」素所痛恨的日本人的激動和興奮之情[3]。晚年的嶺光電，其論著主要探討彝族文化，很少涉及中華民族，但他實際上仍然保持着強烈的中華民族意識，對國家的命運也非常關心。[4]

　　對於一個人群共同體而言，對本群歷史的講述與書寫通常是當下群體意識的產物，並強化着這一意識。諸多彝文古籍着力描寫各大君

1　參見嶺光電：《以語音看漢夷關係》，載《西方日報》，1948-05-13，第 4 版。

2　參見高玉柱：《動員夷苗民族與抗戰前途》，載《西南導報》，第 1 卷，第 4 期，1938；曲木藏堯：《西南國防與猓夷民族》，載《方志月刊》，第 7 卷，第 5 期，1934；曲木藏戈：《國難嚴重下之西南國防與夷族》，載《新夷族》，第 1 卷，第 1 期，1936；王奮飛：《復興民族的途徑》，載《新夷族》，第 1 卷，第 1 期，1936。

3　參見嶺光電：《憶往昔 —— 求學時代》，見温春來、爾布什哈主編：《嶺光電文集》（下冊），238、247 頁。

4　這是嶺光電的兒子爾布什哈先生私下同我聊天時提到的。

長國的淵源以及君長國之間交往與通婚的歷史，當作如是觀，本書的主人公們同樣深知「夷族史」的重要性。1936 年，嶺光電發表了《西南夷族史》（《新夷族》第 1 卷第 1 期），認為「夷族」係三苗之後，與內地民族源自一個血統，從學理上論證了大家同屬中華民族的合理性，同時又隱含了「夷」「苗」二分的假定，在地域上以四川、貴州、雲南等「夷地」為中心，主要選取《尚書》等先秦史籍、傳統正史、《華陽國志》等資料，建構出一條按時間變化的「夷族」史脈絡，對夜郎、滇、南詔、大理等代表着「夷人」的繁榮與文明的政權着力進行敘述。其他「夷族」精英書寫或講述的「夷族」史，儘管內容上詳略迴異，但思路上卻異曲同工。[1]

　　「夷」「苗」等稱謂，是旁觀者從客位角度給出的族類標籤，並非西南非漢人群的自稱，但自明代中期以降，這些族稱逐漸被當事人認可與接受。到民國時期，他們甚至以此為基礎去建構一個超越自身生活經驗的人群範疇，呈現出將「夷」「苗」實體化的趨勢。類似現象在西南地區普遍存在，可稱之為「客位標籤的主位化」。

三、身份意識圈的層累化

　　主位化的客位標籤，與原來主位的身份意識層累疊加，形成了複雜的認同現象，我用「身份意識圈」來予以概括。以嶺光電為例，我們可以得到這樣一幅示意圖：

1　參見曲木藏堯：《西南夷族考察記》之《猓夷民族》；高玉柱：《夷苗民族概況》，載《新夷族》，第 1 卷，第 2 期，1937；《川康邊區夷族觀光團敬告國人書》，中國國民黨黨史館藏檔案，館藏號：一般 579/5.13。

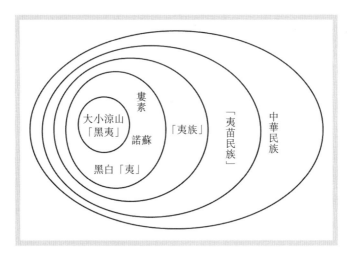

嶺光電的身份意識圈層圖

　　四川涼山無疑是嶺光電最感親切的圈子，並且，他是屬於「黑夷」階層，甚至是比「黑夷」地位還略高的土司，這裏用最裏層的圈子來表示。第二層圈子意味着，嶺光電知道，除四川涼山之外，貴州、雲南也有同他一樣的人，都是「諾蘇」，在貴州和雲南的那些君長國地區，當地人有的自稱為「婁素」，族稱雖有差異，但大都認為我族的範圍涵蓋了對方。同時，嶺光電也有着一種超越的看法，他並不認為黑、白「夷」之分具有族類意義，不管他們身處貴州、四川還是雲南，他們都是「諾蘇」。第三層圈子表示，嶺光電知道在漢文文獻系統中，西南非漢人群大致分為「夷」「苗」兩類，而且他也在漢語語境中自稱「夷人」，因此他認可「夷族」的存在，這構成他與喻傑才等來自非「諾蘇」地區的人共同建構「夷族」的基礎。他自己寫的民族史也有可能會強化他的這種意識，例如，在他的《西南夷族史》中，南詔是「諾蘇」的先祖建立的政權，其統治範圍當然也涵蓋了眾多非「諾蘇」地區。第四層圈子表示，為了策略性的需要，他可以贊成西南非漢人群聯合為「夷苗民族」去爭取政治權利，儘管他內心深知「夷」「苗」之間判然有別。最後，嶺光電還有着強烈的中華民族意識，不管是「諾蘇」「夷族」還是「夷苗民族」，都屬於中華民族，這就是最外層的圈子。

　　對本書提及的任何一位精英，都可以畫出一幅類似的身份意識圈層圖，它隨着群體交往類型的增減而不斷變化。我們發現，不同時期、不同角度的共同體記憶，層累地體現在「夷人」精英們的身份意識中。當然，這並不意味着對過去的照單全收，現實之刀，對過去進行了剪裁、增添、調適與組合。

四、選擇性共同體的全民化

　　大的人群共同體都有着建構的性質，但建構不是現代人的專利。歷史時期的西南非漢人群的上層，同樣在建構着不同層次的人群範疇並在相當程度上影響着後人的建構，只不過，每個時期的人們，都會根據所處的情勢進行選擇、刪改與增添，如是而已。在傳統時期，橫跨今川、滇、黔三省的「婁素（諾蘇）」共同體的建構者們，主要是君長國上層，他們的共同體，將下層排除在外，是一種選擇性共同體。這一共同體在民族主義時代經歷了「全民化」改造，並且因為要向漢文文獻系統中的「夷」靠攏而在地域上有所擴大。民族主義是超越階層的，它用同胞、公民之類的概念將偉大人物與普羅大眾等同、聯繫起來了。在民族主義時代，嶺光電等「夷族」精英要建構的是一個上、下層全體參與的「全民化共同體」，只有將「白夷」等一般民眾納入進來，「夷族」共同體才有意義。本書的主人公們自己帶頭超越了這種等級的鴻溝，並不斷對下層進行啟蒙。由於涼山的獨立狀態及其內部的四分五裂，兼之滇黔「夷人」雜居各處等原因，他們對下層的啟蒙遠未完成。更重要的是，時代的大潮並不由他們主導，雖然他們主動投身其中，並努力激起了自己的浪花，但並不能從根本上影響潮流所向。所以，民國時期的「夷族」全民化共同體建構離成功尚遠，一直要到中華人民共和國政府識別出「彝族」後，這一過程才大致完成。

　　中華人民共和國的彝族識別，不能理解為一個全新的創舉，它是過去共同體建構的延續，它雖然添加進了時代的新內容，但也受到歷史以及歷史記憶的限制。看不到這種延續性，將彝族理解為中華人民共和國政府建構出來的人群範疇，無疑是不合理的。本書表明，西南地區的不少非漢人群具有建立地方性政權的悠久傳統，至遲從宋代

開始，直到清初的漫長歷史時期，在今天被識別為彝族的人群中，曾出現若干君長國，君長國之間的交往遍及滇中、滇東北、黔西北、黔中、黔西南、川南，並與四川涼山地區存在着千絲萬縷的聯繫。這一共同體的歷史淵源及其相關記憶，對民國時期西南地區的「夷族」建構，產生了深遠影響。民族識別是在此基礎上的延續，因此，從族源與世系的自我認識、是否屬同一群人的自我界定、族內婚意義上的聯姻情況等「主位」方面，我們不難發現，中華人民共和國政府進行民族識別以前，在今天被劃定為彝族的人群範圍中，很大程度上存在着族群意義上的認同。雖然這一認同的範圍與今天彝族的範圍存在着差異，但兩者之間的相關性與延續性顯而易見。

餘　論

　　我的書名賣了一個大噱頭，內容卻缺斤少兩。我講述的只是西南的一種經驗，即一部分有着深厚「國家傳統」的人群的經驗，而非整體的西南經驗。我想強調，西南地區的崇山峻嶺，阻擋不住「國家傳統」的存在與延續，當波瀾壯闊的近現代民族國家建構浪潮沖擊到這一區域時，當地人群的反應，必須置於他們的歷史傳統中去理解。

　　我一定會面臨着如下質問：你講的那些人、那些事以及那些理，都是「夷族」精英的，你怎麼可以忽略一般「夷人」百姓呢？精英與民眾之間的關聯何在？

　　上述問題的有效性毋庸置疑，但我不得不面對的困境是：何處可以聆聽「夷人」下層的聲音？他們被書寫卻不會自我書寫，他們是歷史上失語的一群人，我也無法穿越歷史的時空去進行田野調查。對資料所不能涵蓋的範圍，我保持沉默。

　　我只能在旁觀者的書寫中進行揣測。

　　精英的群體意識，無疑與下層民眾存在巨大差異。在本書所描述的那個年代，在政府未能真正控制的西南邊地，許多非漢人群可能並沒有清晰的國家意識。多年前，我讀過一篇文章（惜已忘記篇名），作者是一位在內地求學的彝人青年，他回鄉與舅舅遊玩，在一條河邊，舅舅對他說：「幺兒，江那面被一位叫蔣介石的人所統治着。」

他覺得奇怪：「舅舅，我們也是被蔣介石所統治的啊。」這段敍述，讓我想到仕安先生講述的一件趣事：政府組織工作隊到甘洛放電影，順便插播政治廣告。當蔣介石出現在銀幕上時，觀眾紛紛議論：「哎喲，把他捉來當娃子，要賣好多錢哦。」大家認為蔣長得不錯，比較值錢。

　　民眾與精英也不能截然分開。傳統時期，通過在婚嫁活動等盛大儀式中的傳唱宣講，布摩與慕史將自己所掌握的許多知識傳遞給了一般百姓。民國時期，「夷人」精英們則不斷地對下層民眾進行啟蒙。嶺光電辦學，使得 200 多位普通百姓接受了包括民族與國家意識在內的現代教育。而楊砥中在雲南昭通辦學，規模上更為可觀。當時各級政府在邊地的教育系統中也注意招收非漢學生，並辦有許多學校與培訓班，對普通非漢人群進行國情與鄉情教育。例如，寧屬屯墾委員會興辦的邊民訓練所，其總的原則就是講民族團結，擁護蔣介石，擁護劉文輝。[1] 教育的效果因時、因地、因人而異，不一定很理想，但變化多少在發生。1939 年，《大公報》記者徐盈深入孫子汶所辦的烏龜堂小學採訪，深深體會到了「夷區」辦學的艱難，家長們認為子弟入學就是「支學差」，有如當差一般痛苦。但徐盈也發現了「使人感動

1　來自李仕安先生的口述。

的事」，在教室，他看到黑板上寫着：「我是中國人，你是中國人，我們都是中國人。」學生們知道中國正在打日本，被問到將來的志向時，學生們的一致回答是：「如果我們學會了漢話──我們願意去當兵！」[1]1942 年，嶺光電談到四川、西康的「倮族」青年接受各種培訓班訓練的情況時，一方面強調眾多邊民「不知祖國，與祖國漠不相關的，即不充分具備中華現代國民的資格」，另一方面也談到了一些「好現象」：

> 自二七年以後，倮青傾慕受訓心理，日益增加。不論何人問：「你願到成都受訓否？」伊必稱：「願！只設法去。」又每人〔入〕夷村，見夷孩說：「這些小孩子，讀書最好」。大人一定答道：「真是讀書好，我們想找學校教子弟」，又每個夷人，都以有幾個漢人為朋友為榮，能穿制服，能佩證章為榮。關於禮節：倮族中除叩頭外，全不一致。近數年來，不論老幼，都摩仿鞠躬禮；對最尊崇者，叩頭；次者普遍脫帽點頭；凡此均近年訓練倮青後之表現，其裨益將來邊區經營，至為巨大。因過去倮眾自尊心最盛，常輕視內地一切，現數年間改變態度，亦難能可貴也。……倮眾本以智識低，信人不信理論，為當然事。但其信仰對象均為土司、黑夷、頭人，其他一無所知，無所願。近年有受練人歸來，傳述內地長官與同胞如何進步，如何關懷邊民等，尤其對於最高領袖之偉大，肆力傳佈，凡邊民無不知領袖，無不認為神人，一反過去，仇視漢官漢人之心而變換態度，而加信仰。倘近年教育，積極進行，其成就能趕上

1 徐盈：《記四十八甲》，台灣「國史館」藏檔案，全宗名：抗戰史料，入藏登錄號：127000001130A。

此信仰心理，而打破話［語］文習俗等隔闊［閡］，則俅族問題之解決，恐已作幾分之幾也。[1]

　　嶺光電所述的「好現象」，應該只是實際情況的一部分，甚至也不是主要部分。但我相信，西南邊地的世界，確實在緩慢地發生着變化。

1　嶺光電：《俅情述論》，37頁。

後　記

　　多年來，那些彝族精英的音容笑貌，他們鮮活的人生故事，一直在我心間流動，我夢想着為他們書寫一部飽含生命溫度的歷史。然而，本書的完稿，亦即我的失敗，平庸的文筆桎梏於言必有據的史學規範，產出了一部眼高手低的作品。

　　寫作的過程中，我常常情緒激盪，為了那些已逝的人和事，更為現實中的死與生。2017 年 3 月 14 日，初稿即將完成，外公許名九先生以九七之齡仙去。老人家幼年喪母，成年後父親暴屍荒野，中年時妻子含冤自沉，晚年時長子又貧病而逝，人生至痛，一一親嚐。此書草就，想到他老人家口述的鄉土歷史對我的研究的滋養，不禁潸然淚下。

　　2017 年 8 月 25 日，書稿殺青在即，李仕安先生也以 105 歲的高齡駕鶴西去，沒有病痛的折磨，突然就走了。先生走了，我書寫的那個時代就真正終結了。那些年，在雅安舊宅中多次聆聽先生暢憶往昔，故紙堆中冰冷的歷史，因之而氤氳着鮮活的溫度。那時，王慧勤奶奶已 90 歲高齡，常常與保姆在廚房準備食物，有時先生去找資料，奶奶怕冷落我，就走過來同我聊她的往事。猶記得 2007 年的那個秋日午後，奶奶對我說：「我是個很內向的人，幾十年的政治運動中，我怕言多必失，養成了不愛說話的習慣。老李話多，他是放音機，我是收音機。好多話，他說了一遍又一遍，我每次都認真聽着。

但第一次見到你，我就知道你是個好人，覺得同你有緣，我的很多心裏話都可以講給你聽。但我老了，從前年開始，我就感到自己心裏的許多想法，說不出來了。」那一次，我告別返回廣州，兩位老人送我到門口，奶奶用顫巍巍的手在我的包中塞了一個蘋果以兆平安，先生擦了一下眼睛，揮揮手說：「走吧，人生就是這樣。」奶奶去世後，先生搬到成都兒子家中，我們就失去了聯繫。從此，我不敢再上網搜索先生的任何信息，藉此想像着先生永遠安康，但在發達的資訊時代，這一想法是何等幼稚啊！

2017 年 8 月 30 日上午 8 時，我答應編輯兩天後就交定稿的日子，我的次子在廣州海珠區婦幼醫院呱呱落地，因為工作，我見到他時已經是 12 小時之後了。在孩子孕育的過程中，我一如既往地與家務絕緣，孩子出生後，我也沒有太多操勞 —— 就像我的長子出生時一樣。我的妻子與岳母縱容了我的懶惰，我就像一個受到溺愛的孩子，只要專注於自己的興趣就行了。

感謝張兆和教授，他啟發並鼓勵、支持了本書的研究；感謝科大衛教授，他利用 AoE 計劃為我提供了在香港中文大學的三個月純粹時光；感謝爾布什哈先生與王繼超先生，他們廣博的彝學知識常常令我受益匪淺；感謝潘木乃先生，他帶着我在漢源、甘洛翻山越嶺並幫助我聯繫訪談對象；感謝高世祥先生與閔文新先生，他們陪着我在

麗江古城的大街小巷與永勝的崇山峻嶺中尋幽訪古，在高玉柱研究方面，我們有着共同的話題和願景；感謝王險峰先生，在他的幫助下，我開啟了從草海湖濱到野洛沖谷地的田野之旅；感謝曾明懷、劉燎、曾鑄、陳昌福、文權安等幾位朋友和鄉親，我們曾冒着畢節秋寒中的濛濛細雨，揮着鐮刀在無路可通的山間披荊斬棘，爬上北肇山莊的遺址；感謝秦和平教授，他經常無私地為我提供各種資料；感謝巫達教授以及他創辦的彝族文化微信群，巫教授本人以及群友們總是積極為我答疑解惑；感謝黃國信、賀喜、謝曉輝、任建敏、陳海立、李曉龍、盧樹鑫、林瑜、毛帥、覃延佳等朋友，他們或邀請我演講本書的內容，或不辭辛勞地閱讀我的初稿並提出建議，或幫助我整理材料；感謝海丹博士，她幫我處理了一些日文資料；感謝台灣「國史館」、「中央研究院」近代史研究所檔案館、中國第二歷史檔案館、四川省圖書館、西昌市檔案館、西昌市圖書館，它們真正體現出了「公藏」的性質，而不是視所藏為私藏，更沒有藉此經營的念頭。

　　有的謝意，沒有説，也不必説。就寫到這裏。

身份、國家與記憶：西南經驗

溫春來　著

責任編輯　巫爾芙
裝幀設計　譚一清
排　　版　黎　浪
印　　務　劉漢舉

出版　　中華書局（香港）有限公司
　　　　香港北角英皇道 499 號北角工業大廈一樓 B
　　　　電話：（852）2137 2338　　傳真：（852）2713 8202
　　　　電子郵件：info@chunghwabook.com.hk
　　　　網址：http://www.chunghwabook.com.hk

發行　　香港聯合書刊物流有限公司
　　　　香港新界荃灣德士古道 220-248 號
　　　　荃灣工業中心 16 樓
　　　　電話：（852）2150 2100　　傳真：（852）2407 3062
　　　　電子郵件：info@suplogistics.com.hk

印刷　　美雅印刷製本有限公司
　　　　香港觀塘榮業街 6 號 海濱工業大廈 4 樓 A 室

版次　　2022 年 4 月初版
　　　　© 2022 中華書局（香港）有限公司

規格　　16 開（230mm×160mm）

ISBN　　978-988-8760-95-4

本書繁體字版由北京師範大學出版社（集團）有限公司授權出版，
於港澳台地區發行